聖母文庫

がらしゃの里

駿河勝己

聖母の騎士社

まえがき

四百五十年の昔、細川ガラシャが愛と信仰によって、その人生を生きられた道を訪ね、ガラシャのお心にふれる喜びとこの私をお導きくださったことの感謝の気持ちをもって綴りたいと思う。私にとってこれほどの大いなる希望と勇気と慰めをお与えくださった、ガラシャの遺徳を慕い、今日まで種々の御恵みを与え給う天主様を信じ奉る、私が日々の信仰を大切にし、御むねのうちに生きる御恵を祈りながら、ガラシャの歩まれた永遠の生命への道、その道を尋ねながら私に語りかけてくださる言葉に心を傾け、心を開き、綴っていけることを願っています。

その生命《いのち》への道を想う時、丹後の地、この幽閉《ゆうへい》の味土野《みとの》を「ガラシャの里」として思うのです。

目次

味土野の四季

プロローグ

小さき草花

味土野《みとの》の山里に咲く草花の可憐に咲く姿を私は愛《いと》おしく思った。男城への道端の途中には黄色い花が鮮やかに咲いている。私はふっと、このような所にも、小さな命を精一杯生きようと美しく咲いている野花の生命の尊さを、丹後の地、味土野《みとの》の自然から教えて頂いた。よく注意深く観ていると命の息吹がある。誰にも知れず、山里に小さな命を宿して生きている。そっと慎ましく咲いている花もあり、人の心をはっとさせるほど鮮やかに咲いている花もある。白色、黄色、紫色、色々な色鮮やかな花々が一輪一輪これほど私の心の奥深く語ってくれたことが遇《あ》っただろうか。これほど美しく可憐に着飾っている花々に出会ったことがあっただろうか。これほど愛おしく、思ったことがあっただろうか。季節が過ぎ、冬になると里は白一色の雪に包まれる。雪深く覆われた大地から生命の息吹が又、生まれてくる。じっと時を待ち、福寿草は根雪の間からそっと黄色い蕾《つぼみ》をつけている。希望を其の芽に抱くように。時の喜びを待つ。この小さな花々を細川家の嫁として明智家の娘として隠棲《いんせい》の身である玉子は、どのようにご覧になられたであろうか。わが身の不遇を思われての事であろうか、この自然の壁に立たれた玉子は、後のガラシャとして恩寵をうけられたのではないでしょうか。今こうして私が、この自然の中に包まれている事は、ガラシャ夫人のお導きであると思います。神様から頂いた大きなお恵みと思います。

第一章　秋の聖マリア大聖堂

ソロモンの栄華の極にさえ
この花の一輪にも及ばない。
そのつつましいお姿は、
白元結《もとい》の下げ髪にて、
薄紅梅地《こうばいじ》、椿に菊の辻ヶ花文様《つじがはなもんよう》
の小袖《こそで》、綸子地《りんしじ》桜文様の打掛《うちかけ》にて
マリア様を拝する美しき御姿。
白百合《しらゆり》の花がそっと咲いている。

ごらん空の鳥、野の白百合を
蒔《ま》きもせず、つむぎもせず、
安らかに生きる。

こんな小さないのちにでさえ、
心をかける父がいる。

（典礼聖歌三九一　ごらん空の鳥）

晩秋を思わせる澄んだ空気で、私の吐息も白く、心地好い朝である。ミサは十時から始まることになっている。弾む心で私は玉造《たまつくり》マリア大聖堂へと急いだ。近くに在る玉造公園では朝の奉仕活動であろうか。地元の方々と思われる婦人の方々がめいめいに清掃道具を持ち、公園内の清掃に明るい会話を交わしながら奉仕されているそばを通りすぎながら、数十羽の鳩が朝の日差しの中で餌を求めて、ついばみながら、その日差しの温もりを楽しんでいるようであった。

足元には黄色く色づいた、いちょうの葉が散らばっている。

晴れた秋空が仰ぎ見る聖堂の屋根の上に置かれている十字架から望まれる。合わされたマリア像の御手に合掌する様に羊飼いが跪《ひざまず》く姿の像がすぐ聖堂前の広場に置かれている。

大聖堂の中へ入るとパイプオルガンの荘厳なる響きが静かな聖堂に流れている。ミサ曲の練習の為であるのでしょうか。

正面には大阪司教座聖堂壁画として堂本印象画伯がお描きになった聖母マリアの画《え》がある。正面左手には十字架を胸にいだかれた高山右近の

聖マリア大聖堂

お姿があり、右手には百合の花をおささげする細川ガラシャのお姿が描かれている。解説によると故田口大阪教区大司教から近い将来、大阪に聖堂を建てるがその時は聖マリアの壁画を描いてくださいとの依頼があったそうである。世界の各地の著名寺院を巡歴して（主にフランス・イタリア等）数多くの宗教名画に接し、日本にも日本の聖母像があって然るべきだと信じられたそうである。そして印象画伯は、大阪の聖堂の壁画を制作するに当たって時代考証を桃山期においたのはフランシスコ・ザビエルがこの時代に始めて訪れ、織田信長に公的に布教を許されたのが所謂《いわゆる》安土桃山時代であり、又聖母マリアと御子キリストとともに画面に描かるる高山右近とガラシャ夫人は同じくこの時代に生を受けた人であり、この時代の代表的なキリスト教を信奉した人物であるによってで、しかも風俗史的にみても、最も絢爛《けんらん》たる装をなした時代であるので、この時代の風俗を写すことが最も壁画としての表現に適するものと信じられたそうである。

ガラシャ夫人のお姿は下げ髪にして下括《したくく》りをし、白元結《もとい》をかけられ、薄紅梅地《こうばいじ》椿に菊の辻ヶ花《つじがはな》文様《もんよう》の小袖《こそで》をおめしになり、綸子地《りんしじ》松皮菱《まつかわびし》に桜文様の打掛《うちかけ》を着られ、裏、朱地印金《きん》牡丹唐草衿《ぼたんからくさえり》を折り返して着し、抱え帯をして御手には白百合の花枝を捧げ、腰をややおとして聖母マリアを拝する美しきお姿である。

昭和三十八年一月二十五日京都にて、印象画伯がお描きになったそうである。

ちょうどこの御堂の祭壇に向かっ

高山右近御像（聖マリア大聖堂前）

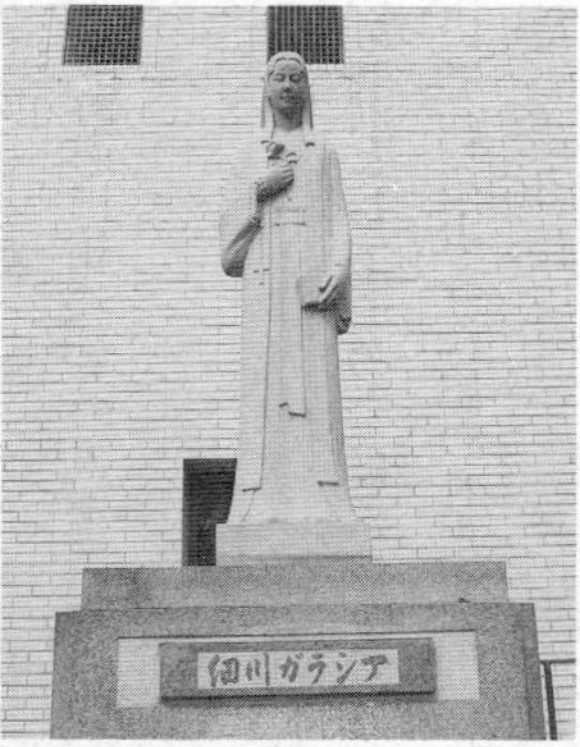

細川ガラシャ御像（聖マリア大聖堂前）

て半分ほどが細川家の邸内であったという。ガラシャ夫人はやはり神の御許に召されたお方なのでありましょう。

私は始めてS神父様にお目にかかり、ミサの始まる時間をお聞きした若い女性の信者さんに、大聖堂の中央祭壇の左手にある礼拝堂の所へ案内して頂いた。それは当日、教会の信者さんの子女の洗礼式に、偶然にもお招き頂いた次第である。私がガラシャ夫人を尋ねて、この玉造教会を訪れた日に、このようなお恵みに授からせて頂いた事を思う時、ガラシャ夫人が私をお導きくださり、ガラシャ玉子夫人のみ心はすべての人々に神のお恵みを望まれているように思われました。

玉子というお名前はとても親しみ深い名前として心の中に入って参《まい》ります。「私の心を大切にと」云っていただいているように思われます。

昭和五十五年一月の初春、和歌山を出発して数時間の後、車中での私の心はこれからの旅の希望と喜びで私の胸は高鳴りを憶えずにはいられませんでした。大阪駅を出発して数十分のあと車中から高槻駅が見え、高山右近ゆかりの教会。そして、山崎の古戦場址、すぐ神足駅《こうたり》（現在、長岡京駅）近くの勝竜《しょうりゅう》寺《じ》城址《じょうあと》を頭に思い浮かべながら。車外の京都近郊の山並の頂《いただき》には、白い雪が見え、京の冬を偲《しの》ばせていた。朝日に映え、外はきりっと澄んだ空気であろうと

カトリック高槻教会

想像していた。懐かしい日々、京都の大学へ通学していた私にとって、この地の秘めた歴史について、その頃は何も知らなかったのだ。このような日々が訪れる事を。京都を過ぎ、山科。そしてまもなく滋賀県大津に着く。浜大津からは坂本行の京阪急行が運行している。京阪は滋賀までかなり広範囲にまで敷かれているのだなと感じた。まもなく坂本駅との事であった。私のこれからの旅情への期待はなお一層強く感ぜずにはいられなかった。

私が始めてみる坂本である。近江国坂本。玉子の父、明智光秀公は、元亀二年の七月織田信長から近江の滋賀郡と宇佐山の志賀城を与えられたが、九月には信長の比叡山焼き討ちが行なわれ、十二月になって、山麓の焼け跡に坂本城を新築するに至る

高山右近御像（カトリック高槻教会内）

一躍のである。これにより光秀は、知行もそれまでは三千貫文だったのが一躍五万石の大名に昇格されたそうである。光秀は足利将軍義昭《よしあき》の近臣であるという地位をもって信長上洛後は信長の京都奉行として重用されたが、それは光秀が学識に優《すぐ》れ教養豊かな文化人であるだけでなく理財の道にも明るく、対人関係もソツなく京畿《けいき》管領ともいうべき枢要《すうよう》な職掌《しょくしょう》を果たされるのに適したお方であったからでしょう。

琵琶湖の碧水がほど近く見える所である。この所一帯は湖西の方向に位置している。眼前には大湖と後方の頂きには白く残雪が見える比叡の山々、身近に見る比叡の山は始めてである。黒くどっしりとそびえ立つ。又右手には比良山の雪山がいっそう京畿の冬を思わせる白い美感を漂わせている。日本の山水の美を想わせる美景である。

私は現在、坂本二丁目という県道が中央を走り、左右には田畑や会社の保養地と思われる建物や民家が並んでいる所である。大津と結んでいる主要な県道である。

薄曇の空に今、私は始めて見る琵琶湖の湖水が静淑な佇《たたず》まいを様し、雄大さを秘め、数々の歴史のロマンを包み持っているように思われ、その大湖が全てを語りかけているようであった。数多くの激戦の舞台となり戦雄割拠の時代、幾多の人間模様があったであろう。私にはまだそれらを知ることは出来ないが。生と死をかけ諸行無常の常ならぬ人の世のはかなさをこの湖水が静かに満々と天と地の間にあり、湛《たた》えているようであった。

明智光秀公の居城坂本城の天守より、この眼前に拡がる雄大な湖水を眺めていた日々の玉子はまだ幼く母凞《ひろ》の方のお側近くに寄り添い、姉君達と一緒に湖水に漂う磯舟を彼方に美しく浮かび上がっている近江富士を正面に眺めながら興味深く御覧になっていたように偲ばれます。玉子は永禄六年（一五六三）、明智家の三女として、生を受けた。

私の心にその時の平和な日々のお姿が浮かんでくるようであり、その類《たぐい》なき美しいお方として偲《しの》ばれるようでした。

琵琶湖の水は坂本城の堀や石垣を築くうえで、好条件な立地として適していたように思われる。湖水の水は堀に注がれていたのであろうか。その堀の一ヶ所が船着場になっていたのであろうか。濃緑の比叡を背にたたずむ坂本城址とおぼしき場所には私が訪れた昭和五十五年の春、琵琶湖畔より二〇〇米程離れた所に『坂本城址』なる石碑がわずかな跡を残しているだけである。側には小さな小堀のせせらぎがあり、民家が数軒立ち並んでいる静かな町の辺りである。その石碑の五〇米ほどのそばには東南寺と呼ばれる寺がある。天台宗、伝教大師が創立した寺で比叡山の東南、戸

坂本城跡碑（滋賀県大津市）

津ヶ浜にあったので東南寺といわれている。その建物はかなり老朽しており、しかしなお健固な門構えの寺である。中に入らせてもらうと数多くの石仏が並んでいる。おそらく戦さにより亡くなった光秀公の縁者の方々や軍団の家臣の方々の弔いの為に作られた石仏ではなかろうかと私には思われてしまう。西坂本と呼ばれるこの所を後にして、タクシーで西教寺へと案内して貰った。光秀の統治の片鱗を美しく見せてくれるのが坂本の西教寺である。心を清めて山門をくぐってみる。伝承によると、元、叡山の横川にあった西教寺は念仏道場として特有の行場であった。五百余年荒廃のままに捨ててあったのを文明十八年（一四八六）、真盛上人によって復興せられ現在の地に移されたとのことである。師はこの世の戦乱の修羅を見て、平和は念仏をもって、悟り、片手に剣を持ち、片手に経巻《けいかん》を携えて、左右その何れを執《と》るべきかを以て民衆に迫まったという。剣か経巻か。二者択一で教化したとのことである。参道を登った場所に現在も念仏道場がある。真盛上人の念仏聖《ひじり》が今もなお、受け継がれているのである。本堂と客殿、書院と並ぶ見事な調和のとれたたたずまいである。本堂は七間五面入母屋造《いりもやづくり》。壇上に格坐する本瓦葺《ほんがわらぶき》。巨《きょ》堂である。客殿は伏見桃山城の遺構とのことである。

客殿と書院との間にある前栽《ぜんさい》は豪快な三尊石組に大刈込のある勝れた枯山水である。

明智光秀公一族の墓標が境内の周りの木々の側にある。本堂前の右側には光秀公のお墓と天正四年に物故《ぶっこ》

福地山城（京都府福地山市）

された凞《ひろ》の方のお墓が静かにある。

私は光秀公の墓前と夫人の墓前で明智家一族と戦乱の世に散られた武将の方々の菩提を祈られずにはいられませんでした。坂本に残る光秀の残影。それに向かっての坂本一帯の村民からの思慕。丹波福知山方面には今なお生きている光秀への厚き民政に対する礼賛の声が、今なお生きている。私が後日心に浮かんだことはキリシタンの聖将高山右近一同が国外追放の為、マニラへ向かわれる迫害の旅の途中で京都への道のり、私は右近はこの坂本の西教寺に向かって、今は、亡き光秀の墓前に最後の別れをなされたのではないかと思われてしかたがなかった。

日本とも最後の別れである。右近、六十二才の歳《とし》、一六一四年（慶長十九年）家康によるキリスト教への大禁教令が発布された年である。加賀国主前田家の客将としての庇護の許を離れ、この地で暮らした二十六年の歳月に別れをつげ金沢から京都へ山越する山道は雪で被われている。右近は馬に乗るのを許されたが、御主キリストの十字架を担い、御主の御受難を忍んでキリストのお姿を想い、歩まれたと思う。右近は老人の身ながら、いつも先頭に立って肌を刺す寒さをこらえ忍耐の模範を示し、右近一族、幼い孫達を励まし続けられた。右近一行らが信仰の歓びに燃えているのに見物の人々が却って深い悲しみに打たれ、キリシタンの信仰の強さを感歎し合った。十日程経ち坂本の地へ到着したそうである。一行が坂本に着いた時、京都所司代板倉勝重は若し一行を京の都に入れれば、その信仰が都の人々に大感動を与えずにはおかないであろうという危惧と在京のキリシタンの目に触れさせないための配慮と云われている。そのために家康の命《めい》を得るまで三十日の間、坂本に止《とど》められたとのことである。こうして大坂の港から福原へ、金沢を出発してから長崎を出るまでの百五十日間、生命の危険を感じないですんだ日はなく、そしてイエズス会宣教師や修道士、キリシタンとともに長崎からマニラへと旅立たれたこの受難の道は右近には万感たる思いであられたことであろう。

天正六年（一五七八）、玉子お輿入れの儀は次の次第であると小野武次郎以下の編纂による細川家の歴史書として、「綿考輯録《めんこうしゅうろく》」の記述より、

綿考輯録　九

一、八月藤孝君安土へ御出仕有忠興君の御縁辺の事を被達其節光秀への御書　天正六年

其方事近日相続抽軍功於所々智謀高名依超

諸将数度合戦得勝利感悦不斜西国手二入

次第数ヶ国加宛行之条無退屈可励軍忠候

仍細川兵部大輔専守忠義文武兼備二候

同氏与一郎事秀器量志勝事抜群ニ候以後
八可為武門之棟梁候云隣国云剛勇尤之縁
辺幸之仕合也
八月十一日
信長御書判
惟任日向守殿

此御書今以松平阿波守殿家士所持候と云
或評云此文に云隣国と有は藤孝君八城州
青竜寺御居城光秀八江州坂本の城主故な
るべし、然るを見誤り丹後丹波の事と心
得天正七年田辺の城に輿入などと有は大
なる誤也と云々よく考申候

光秀甚悦て藤孝君忠興君も家門の面目と
御喜悦不斜同月青竜寺にて御婚礼有十六
歳にて御夫婦御同年也（御前様御名お玉
様後二伽羅奢様と云御母は妻木勘解由左
衛門範凞女也）明智左馬助御輿に附来
り松井康之請取之此時御祝言の御座敷
八畳敷と次の間六畳敷斗也（中略）

とある。この様に天正六年八月十一日付をもって信長は右の（第一の）親書を光秀宛に差し出している。其の方事近日相続き軍功を所々に抽《ぬき》んで智謀《ちぼう》高名諸将に超ゆるによって数度の合戦に勝利を得、感悦斜《かんえつななめ》ならず候、西国手に入り次第《しだい》数ヶ国宛て行ふべく候間、退屈なく軍忠に励まるべく候、仍《よ》って細川兵部大輔藤孝は、専ら忠義を守るによって文武兼備に候、同氏の与一郎事器量に秀で、志《こころざし》勝るる事抜群に候、以後は武門の棟梁たるべく候、隣国と言ひ、剛勇と言ひ尤《もっとも》の縁辺《えにし》、幸ひの仕合わせ也と。

玉子のお輿入れの日の琵琶湖は蒼く静かにその湖水を湛《たた》えていたであろう。居城坂本城からお輿入れの行列は遠く、現在京都府長岡京市東海道線長岡京駅の近く、藤孝の居城勝竜寺への道のりは玉子には十六才の乙女の恥じらいと明日への希望とまた幾ばくかの不安の入り混じったお心でこの湖水を眺めつつ、淑《しと》やかに父母の前で深々と別れの挨拶を述べ、坂本城をあとに父上や母上そし

勝竜寺（京都府長岡京市）

て姉君や弟君の見送りを、いつまでも後を追いながら、お輿の行列は進まれたであろう。

艶やかな烏羽玉《うばだま》の丈《たけ》なす垂髪《たれがみ》を、しろがねの元結《もとゆ》で束ね、練《れん》の紅梅の下衣《したごろも》に幸菱紋様《さいわいびしもんよう》の白い小袖と同じ裃《かみしも》を着た玉子が明智家の定紋《じょうもん》桔梗模様の清楚なおすべらかしで殊更《ことさら》にけはいせずとも、ぬける様に色白なやわ肌、曙の空に春霞《がすみ》の山並を偲ばせる、ほんのりとした三日月眉にしっとりとうるみを帯びた黒い眸、えも言われぬ愁いの影には言い知れぬ歓喜の恥じらいが秘やかに仄めかれる。前後五挺の輿には随行の侍女たちや貝桶《かいおけ》、厨子《ずし》棚《だな》、担《にな》い唐櫃《とうびつ》、長櫃《ながびつ》、長持《ながもち》、屏風箱《びょうぶばこ》といった花嫁道具の類が賑やかに続き、行列の先と後とは数十人の騎馬武者で厳重に警固されている。明智秀満が花嫁の馬のくつわをとり、迎える方の細川家では松井康之がこれを受け取った。その輿の後に従うもうひとつの輿には里方明智家から供してきた清原小侍従の姿があったと思う。

第二章　冬の味土野《みとの》

身をかくす里は吉野の
　奥ながら花なき峰に
　　呼子鳥啼く

三戸野《みとの》山、今日見る君は
　夢ならで手あたたかき
　　紅葉葉の映え

谷川の水をもとめて、あえぎさまよう鹿のように、神よ、わたしは、あなたをしたう。
わたしのこころは、あなたをもとめ、
神のいのちをあこがれる。
わたしは日夜、神を問われて、

明け暮れ涙を、食物とする。
わたしが行って、御前にいたり、
み顔をあおげる日は、いつか。

（典礼聖歌一四四、谷川の水を求めて）

宮津をあとに味土野《みとの》への道は私の心を急がせていた。一刻も早く丹後味土野の山中へ赴き、今から約四百年の昔、細川忠興の妻玉子が隠棲《いんせい》していた土地へと思いは募っていた。夜の小雨が煙っていた。車でその地に着いたのは夜のとばりで辺《あた》り一面が、夜の闇になる頃であった。その車中での四十分の間、奥深い山中をひた走りに走っていく。

夜の闇と深閑とした山肌がこの味土野の地の深遠さをなお一層深めているように思われた。側道には断崖があり、その下に味土野の大滝といわれている所がある。私は車中で揺れながら、ここに送られてくる時の玉子のお心はいかばかりであったのだろうかと胸に込み上げてくるものを感じながら、運転手さんの説明を聞いていた。「このあたりに門道《かん》があり、この門道《かん》を通り抜けて行くと宮津へと行ける。」との事であった。山峡の「布引きの滝」といわれる所である。細い布を上から真下に落ちていく滝の音の響きだけが聞こえ、山肌の深淵さを玉子の心にも感じられたのであろうかと、今晩の宿を取る町

細川玉子隠棲の地（京都府京丹後市弥栄町味土野）

営の「ガラシャ荘」への思いで胸が高鳴っている自分を感じた。私は宮津カトリック教会、宮津城下町から数時間、車に揺られて、玉子が棲《す》んだ跡といわれている味土野に「このお方」のお心を偲びたい思いの心の旅である。

天正十年（一五八二）六月二日、明智光秀が主君織田信長を本能寺に襲った。世にいう「本能寺の変」である。光秀は玉子の父である。変の報せを受け取った細川藤孝、忠興父子は嫁玉子の今後の処遇について談

カトリック宮津教会（京都府宮津市）

合の結果、丹後国の領地、(現在、京都府京丹後市弥栄町味土野)味土野へ秀吉の眼下から逃れる為、この味土野へ隠棲させたとある。

「忠興君御室家《ごしつか》に向って御身の父光秀は主君の敵なれば同室叶《かな》ふべからずとて一色宗右衛門と云ふ浪士並びに小侍従と云ふ侍女此《この》二人斗《と》を付《つけ》て丹波の内《うち》山中三戸野《みとの》(一書丹後国上戸村)と云所へ惟任《これとう》家の茶屋有《あり》しに送り被遣《やられ》候(中略)」細川家の家記「綿考輯録《めんこうしゅうろく》」に記されている。

なお前述に記されている事項から(輯録九より)「忠興君は信長公の弔ひ合戦の為、丹波の国に攻入り二ヶ所の端城を攻落され、羽柴秀吉に使を馳せて光秀が逆意に与《くみ》せず丹波に攻入り支城二つ攻落《こうらく》候との御注進有(一二此使米田甚右衛門三上友蔵とあり)播州へも飛脚を被遣《やられ》、信孝並丹羽長秀に通じて光秀に御一味なき旨を告られ候(一二松井康之より告ると有)

又同国萱谷《かやたに》の城に光秀謀叛の前番の侍をすへらるに付忠興君御不審に

思召《おぼしめし》有吉将監に御人数を被添相番に被差置《さしおかれ》候処叛逆の由聞へ候に付番の侍を可《べし》討取と御下知被成《げちなられ》将監押寄候へば敵意に引取候也。此時忠興君も早速御出馬一色義有も打出忠興君ニ随《したがわ》れ候萱谷の町屋にて一色の家士等評議しけるは此節忠興君を討って光秀に便り丹後の国を領すべしと催《もよおし》けれ共忠興君の勇剛に恐れ時を移す内に萱谷の城聞落しければ右の企《くわだて》も空しくなり弓の木の城に帰る由也其後又光秀より書を送って御父子《おやこ》を招《まねか》れ候（幽斎君譜に出）斯《かく》ても御同意なく、弥《いよ》義心を堅くせらる松井は明智左馬助に書を送って義絶《ぎぜつ》いたし候（中略）」と記されている。そして、異教地への布教を最大の使命としていたイエズス会宣教師フロイスの著された「日本史」の五幾内編五八章、「明智の不運と十一日後の死去について」。山崎の合戦の事が記述されている。「（前略）同国の三名の重立った武将は羽柴が（もはや）さほど遠くない（ところまで戻って来ている）との希望のもとに出陣し、軍勢を率い、山崎と称せられる非常に大きく堅固な村落まで進んだ。

（中略）ジュスト（キリシタン武将高山右近）は同じ山崎の村の間に留まることになっていた。ジュストは村に入り、明智がすでに間近に来ているのを知るとまだ三里以上も後方にいた羽柴に対し、急進をもってできうるかぎり速やかに来着するように（と要請した）。（中略）彼は勇敢で大度の隊長であり、デウスを信頼し、戦闘においては大胆であったので、約一千名余の彼の兵とともに門を開き、敵を目指して突撃した。

キリシタンたちは同所で全力を尽して実に勇敢に戦い、ただ一人の戦死者を出しただけであるが、彼らは明智の身分のある者どもの首を二百も討ち取った。そのため、（明智の）軍勢はたちまち動揺をきたし、混乱した。この最初の衝突が終ると、ジュストと間隔《かんかく》を置いて併進《へいしん》して来た二人の殿たちが到着した。そこで明智方は戦意を喪失し、背を向けて退却し始めたが、敵方がもっとも勇気を挫《くじ》かれたのは、信長の息子と羽柴が同所から一里足らずのところに、二万以上の兵を率いて到着していることを知ったことであった。だがこの軍勢は幾多の旅を長い道のり、それに強制的に急がせられたので疲労困憊《こんぱい》していて、(予想どうりには)到着しなかった。それはデウスの御摂理によるものであったようである。ジュスト右近殿は以前に子供の頃からつねに武勲を立て勇敢さと善良な人柄により万人からいつも尊敬されていたとはいえ、デウスは特にこの勝利がジュスト右近殿、ならびにその兵士たちの功に帰せられ、時の天下《てんか》のあらゆる武将の中で、彼が最大の名望を獲得することを望み給うた。この勝利は光栄ある童貞聖母の訪問の祝日の正午に行なわれた。そしてこの(戦)は明智の敗北の主因をなしたものであり後日、三七殿(神戸信孝)は、ジュストがキリシタンであるゆえ、かくも鮮やかに明智を敗走せしめたのだと語ったほどであった。(中略)」―(補足として、日本に渡ってきたポルトガル、スペインの宣教師は別文明の日本に同じ要素、違う要素を分析し、こういう本を書くことの出来た、人間主義的なフロイスの目の確かさに感嘆する思いである。と）本文に戻ると「（彼らの）ある者は都の市《まち》に入りこもうとしたが、市民たちは武装して、立っていたので、彼らは明智の主城である坂本に向かって歩いて行った」とある。細川家にとって、この緊迫の時を迎える中で、まさに青天の霹靂《へきれき》ともいうべき事態をどのように受けとめなければいけないのかという選択と苦悩の中で綿々と続いてきた家督を守り続けなければならぬ決意。「一族郎党」を守る大事の折、まさに命がけの選択であろう。

この時、幽斎、忠興父子《おやこ》は元結を払い、信長に殉じる事が武士の道と忠興公は思う。山崎の戦いに敗れ、光秀は坂本城へ逃れる途中、小栗栖で土民の刃にかかって果てた。

宮津の大窪城にもたらされたその驚くべき知らせに玉子のお心は如何ばかりであったろうかは、私の想いにも及ばない苦悩と悲嘆に落ち入ったことであろう。

「何故父上は主君信長を討ち果し、天下を取ろうとしたのであろうか。

単なる恨みの数々の為だけであれほどの大事を起こす人とも思われぬ。何由であろうか。」この行き尽くすことのない答えの見つからない苦悩の中に引き込まれていく、玉子と光秀の友人であり、娘を嫁に持つ舅である幽斎は大変な、苦境に立ったであろう。当時の戦国時代の習しによれば、討ち取られた反逆者の家族郎党は処刑又、自害を命ぜられる。だが夫、忠興はそのいずれにも従わなかった。妻の玉子の事は急を用する為、宮津を去り同国味土野の人里離れた地に送られた。これから、この苦境と十字架を背負っていかれる玉子のお心をしのび、玉子のお姿を想う、私の旅である。私の今日までの人生の中で、心の底から込み上げてくる思い、このお方の「道のり」を思い、熱望のようなものが私の心に激しく、涙がとどめもなく流れる思いと共に激しくゆさぶられた感情は、始めての心の体験である。玉子の歩まれた「道」を、この土地で暮らされたお姿を想う私の心の旅である。この方の歩まれた道のりに神の恩寵があり、その中にお心があるように感じられます。私のこれからの人生もこのお方の「み心」を大切にして学びながら歩んでいく人生でありたいと希《ねが》わずにはいられない思いです。

車中で見る暗夜の岐しい山肌は歩まれた苦難と苦悩を感ぜられずにはいられない気持ちであった。翌日大空には雲一つない真冬とは思われぬ暖かな日であったことはまた非常な驚きでもあった。この寒冷の土地では、めずらしい暖かな日ですとの木下さんご夫婦の言葉であった。このおだやかな新鮮な朝を迎える事の出来たことに思わず感謝の気持ちでいっぱいになった。始めて見る味土野の自然の姿がそこに在った。昨夜の夜のとばりとは違う、陽光輝く、生きとし生けるものの生命の溢れるものを感ぜずにいられない早春の朝の恵みである。私の心には只々、この日を与えてくださった事に「感謝の心」と生まれて始めて知る感動に満たされた時であった。

玉子だけが明智家の血を引く者として残されたのは、神の御心であったのでありましょうか。

想えば、新婚の時を過ごした大窪山城をあとに夜陰に乗じて宮津湾をのぞむ日置の浜から下世屋、上世屋へと駒倉の険しい山々を越えて小杉街道の尾根づたいに六月下旬、味土野に入られ、三年の年月を暮《すご》されたとある。

里には「金剛童子」という山がある。うら若き、玉子も又、この山を里人から聞かれたのであろうか。右を見ても左を向いても山、又山である。

このお方が四百年前にこの同じ場所に立たれた。私も今、ここに立っている。込み上げてくる感慨に心が震えていた。この大自然の前に立たれた玉子。苛酷なまでの人生の壁に立たれた玉子のお心は。この大自然の壁にぶつかった若い玉子を感じた。この自然の姿がなければ後のガラシャは生まれまい。私もそのお方の手に取られるようにそのお方の行きあぐねた道へ私を導かれていくのを感じた。

『身をかくす里は吉野の奥ながら
　花なき峰に呼子鳥、啼く。』
（玉子隠棲中の歌）
『三戸野山　今日見る君は夢ならで
　見てあたたかき、もみじ葉の映え』

生と死の間《はざま》で、この大自然の中で玉子の信仰への道が育まれ、天賦《てんぶ》の恵みを受けられたのでしょうか。この三年間の味土野での生活は天と地の間にある森羅万象、生きるもの全ての生命。天なる方への永遠の思いが、玉子のお心にすまわれたのではないでしょうか。人の世の儚《はかな》さ。世の無常。だが、自然の姿はいつも変わらず、玉子様をつつまれる。天と地にある全ての生と死が、小鳥の啼《な》く声にも生命があり、野辺の草花、名もなき一輪の花にも、その美しさを失わず、又枯れて、新たな生命の芽を宿り、芽を吹く大自然の懐《ふところ》の中で玉子は何を想い、感ぜられたのであろうか。今までの城内での不自由なく満たされた生活から、一変した生活を、余儀なくされた。寒村での生活は自分自身の思いのままの生活から、自然の力、自然の中に生き、自然の真象に寄り添って生きる生き方へと。天へのまなざし、天へのあこがれに、お心を向けていかれたお姿を感じられてなりません。側には小さな谷川のせせらぎが見える。谷川の流れを眺めて、巧みに岩の間をぬって流れる水、五弁の花びら、これらの姿を見、摂理のままの天地の真象を眺め、学んでいかれ、何かを悟られたことと思う。又細川家の美術品、歴史史料の永青文庫に収納されている歌学の大家、二条良基の当時の歌風を批評した「近来風躰抄」を筆写した、ガラシャ夫人自筆の筆写がある。(筆跡から考えて三戸野幽居中の筆と思われるとある。)これらの事から思索、探求心の豊かな方であることが偲ばれる。神仏を俄かに信じられる世ではなく、道元禅士の「春は花・夏はほととぎす」と深山の奥、菩提心を求め、発願しても、世の執着心が消えぬ、心細き我身の味土野の地に幽閉されたこの身の上、意のままにはならぬ自我を超えた、大自然の壁、この味土野の小宇宙の真象を玉子は身をもってお感じになっていたのではと思う。里方、明智家から、付け人として供してきた清原小侍従《こじじゅう》とて、同じお心持ちであったと思えてなりません。

清原小侍従とお話しを交わされていたであろう、うら若き玉子の面影を感じる事が出来ればと思いながら、今まで思い抱いていた聡明な美麗なるガラシャ玉子でなく、若き清純な玉子の姿に、変わっていた。澄み切った、全てを包まれる大空がそこにある。清原マリアは玉子と始めて出合った時、運命的な絆をお感じになったように思う。今、こうして、この涙の谷に鳴り響き、こだまする小鳥の鳴き声。我身の不遇を思っての鳴き声に聞こえる。夫、忠興への思い、離れ離れに余儀なくされた子供達、お長、忠隆への思慕。涙の谷に寄り添われる小侍従。大自然の懐《ふところ》の中で玉子は何を想い、感じられたのであろうか。

旅の宿をお世話して頂く「ガラシャ荘」を管理しておられる木下さんご夫婦の案内で「女城《めじろ》跡」へ案内して頂いた。このガラシャ荘は以前は与謝郡野間村の野間分校が廃校になり、そのまま、今の「ガラシャ荘」として使われている木造作りの建物である。女城の丘には、女ばかりが棲《す》まう俄造《にわかづく》りの館《やかた》があったとある。その丘に細川忠興婦人隠棲の地、記念碑が建っている。昭和十一年陽春、四月の候、竣工予定で、上智大学の神学博士、ホイヴェルス神父、細川侯爵、同家家令馬場氏の会見の手順も運び、細川家に於ても味土野

女城跡

ガラシャ荘

遺跡顕彰については同意せられたばかりでなく、其の他何くれとなく配慮を下され、又、地元に於ては、宮津高等女学校校長山田氏の斡旋により、与謝、竹野二郡の連合婦人会、その他篤志家《とくしか》の方々のご尽力により、顕彰碑の運びと成った様である。

「今又新に夫人が人生最大苦の一である離別の苦難を受けつつも、つつましやかに固く婦道を守られた味土野の遺跡が殆どありし昔のおもかげを止めつつ、世に紹介さるることになりましたことは我国婦道の為、喜びに堪えぬ気持が致すのであります。」と昭和十一年一月、国史会例会に於いて、郷里与謝郡野間村ご出身の下村壽一先生の文筆がある。「此味土野に土俗女城と称する稍小高き一廓の土地があります。面積は約百坪もありましょうか。そこに忠興夫人は幽栖《ゆうせい》されて居ったと土地の人は申しますのであります。そこから数歩下った処、つまり女城の入口の辺に巨大なシデの樹（樹齢三百年以上と思わるる）がありまして其下に小祠《ほこら》があります。観音様が祀ってあるとのことでありますが、其の碑面にはおぼろげな種子様のものが見えるばかりでよく分かりませぬ。土地の人は忠興夫人が朝夕参拝されたと申して居ました。そこから更に十数間人里に近く古い筈むした石の井戸がありまして今は殆《ほとん》どうもれて、水は涸れ切って居ます。此の水を朝夕用いられたのであると伝えられて居ます。」とある。

ホイヴェルス博士、同大学教授渡辺氏は共に味土野を尋ねられ、踏査され、この地こそ、ガラシャ隠棲の地であると確信されたようである。それまでは細川家の記録には忠興夫人は丹波の山中に押し籠《こ》められたとありまして丹後の味土野とは書いていない。そこで丹後の味土野が果して真の遺跡なりや、丹波の方が本当の箇所であるか、の問題が起こったとある。

ホイヴェルス博士も最初、丹波に遺跡があると思われて、先ず其方の調査をされたが、何の旧記も伝説も残って居ず、改めて丹後の方を熱心に調査されたとの事である。

又、どうして「三戸野」がはっきりしなかったかというと、昔は北の丹後を度々丹波と称したからであると大朝記者四方巻太郎氏の説である。(昭和十七年九月十五日「日本カトリック新聞」より)。記念碑の側に「細川忠興夫人略伝」が刻まれている。忠実を述べられている。

だが、玉子の真実の声は、どこにあるのであろうか。又、続いて、家記「綿考輯録」九に、「御内室様此上はとて御髪を切らせ給ひ小侍従も同じく髪を切けると也其頃の事にや光秀の許に被仰越けるは腹黒なる御心故に自らも忠興に捨てられ幽なる有様也と恨《うらむ》られ候と也（明智軍記二此御離別ノ時に御添被遣《やられ》者は坂本より付来りける池田六兵衛、一式宗右衛門、窪田次右衛門と云々）（中略）」

なお、「丹後国の由来」には、「丹後の宮津」という書籍にこのように記述がなされている。

「その昔、丹後は丹波の一部であった。（中略）奈良朝初代の天皇元明は、その和銅六年四月（七一三）に、丹波国から五郡（加佐・余佐・丹波（中郡）竹野・熊野）の五郡を分け、これを丹後国とした。そしてこの新しい丹後の中心は「天橋立」を目の前にみる「速石《はやいし》の里」へ移され、ここにずっとながく「国府」―（丹後の政治をする役所）―がおかれた。」とある。

今こうして丹後の人知れぬ山里へ、行きつく果てまで来て、玉子には、山々の大空との稜線と自然に生きる名も無き草花や木々にこだまする小鳥の鳴き声が慰めでしたでしょうか。何故父は謀叛を企てたのだろうか。玉子はその事に思惟が及べば辛く、悲しくなる。だが、どうしても考えねばならぬ。燈心の火をじっと見つめながら、父の事を思う。亡き母君、姉君弟君の在りし日を偲ぶ。たとえ世の中の人々が父上の事を謀叛人と云おうとも、父上を信じて、じっと耐えておられた事と思います。父上の行為は夫忠興には腹黒いこととしか思えないのである。しかし、家記「綿考輯録」は江戸、安永七年、小野武次郎著による記録である。儒学的思想による上下関係、封建思想の観念が支配していた時代背景を考えねばならぬと思う。果たして忠興の複雑なお心持ちを、言い表わし得るであろうか。

玉子には、この事は、父上は父上の思いがあって決行された事であろうと思われたのではないでしょうか。謀叛に到らざるをえなかった、父光秀の思惟とは。思えば思うほど心の闇に閉ざされてしまう。たま子の悲痛なお姿を身近で見守られる小侍従清原マリアのお気持ちはいかばかりであろうか。本能寺の変の後、もちろん小侍従は玉子に従って味土野へ行った。

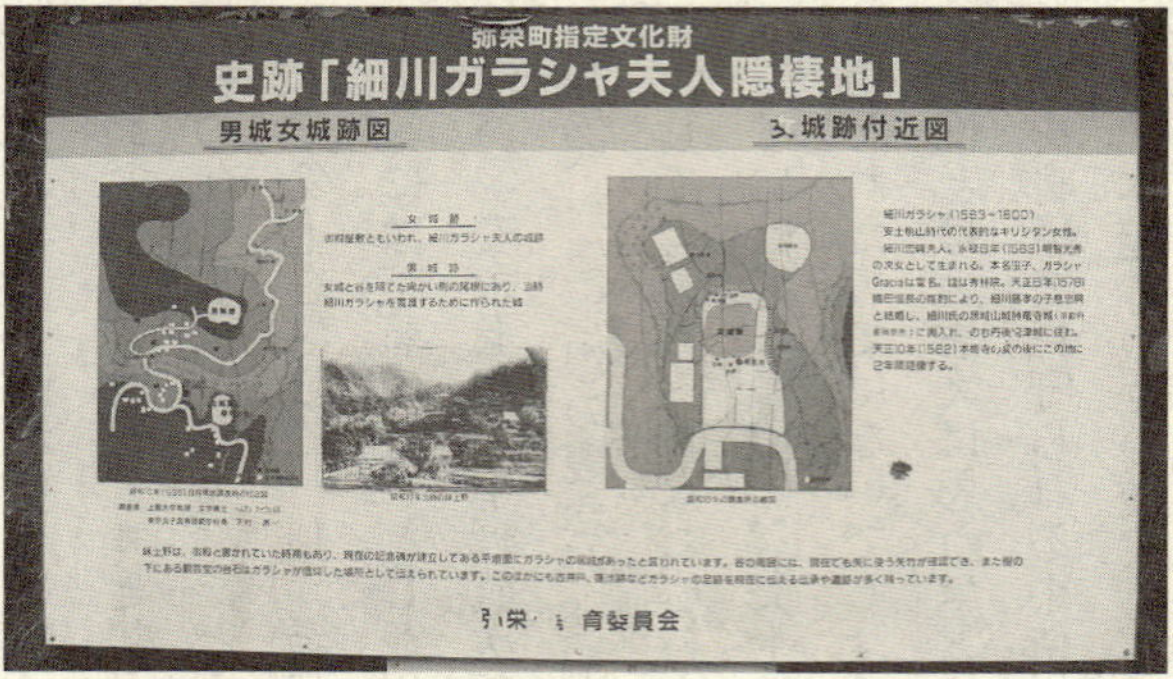

史跡案内図

玉子の苦悩が深ければ、深いほど、小侍従の孤独も深くなる。行き着くことのない苦悩の先の闇の中、簡素に設えられた祈りの間に坐って、父上、母君、祖父母、姉弟君の菩提を弔う為、祈りを捧げられる。又、「細川忠興夫人隠棲地由来記」、京都府与謝郡竹野郡連合婦人会著作による文責によると「(九)凛然たる気魄とその教訓」の文章のなかに、「即ち三戸野山中の幽居に於て、秀吉の報復三族に及ぶとして家臣らが自決を勧めたのに対して『未だ夫の命なし、三従《さんじゅう》の婦徳に背く』として生の難《かた》きに就き、大阪に於て三成に攻めらるるや夫の命意に副《そ》わずとして敢然《かんぜん》死を選びて悔《くや》まざるところ、武将の妻として、床しくも気高き婦徳の象徴とはなったのである。」（昭和十一年七月十日）付。

夫忠興の命に従い、死ねと言えば、死なねばなるまいし、生きよと言えばそれに従わねばならぬが忠興はどうしてこの一命を助けようとしたのか。忠興の言葉を信じて、生きたと私も思う。舅《しゅうと》親藤孝とて玉子の生命を、守りぬくお気持ちはひとかたならぬものである。細川を守る為にも玉子を守らなければならぬお気持ちである。光秀との付合いの十六年に及ぶ関係の糸を解かねばならぬ。

細川玉子隠棲の地

第三章　春の宮津城・坂本城

思いおく与謝の浜べに
君しなくば死出の山路も
　やすからまじと

われならで誰かはうゑん
ひとつ松こころしてふけ
　志賀の浦かぜ

　　（光秀公、松植ゑ継ぎて、よめる歌）

神のそそがれる目は、神をおそれるものに
神の愛に希望をおくもののうえに
神のことばは、正しく、そのわざに、
いつわりがない。

神は正義と公正を愛し、慈しみは、
地にみちている。
神のはからいは、とこしえに、
みこころの思いは、世世におよぶ。
（典礼聖歌四六　神のそそがれる目は）

宮津への旅である。丹後急行は白波の打ち寄せる由良の湾を望み、丹後神崎を通っている。橋を渡ると入江で深く青い紺碧の海に白く横に白波が漂っている。車中の窓から薄曇りの外の空気と海の不透明な碧《あお》さが一つの調和をなし深く沈んだ重厚さが感じられた。宮津の駅から大久保山を訊ねるとすぐ近くにあるとの返事であった。私には宮津の城下と大久保山との位置が解らなかった。今も町中を流れる大手川の谷を隔《へだ》てて海に向って右側の八幡山に砦が築かれ、館は左側の小高い丘、大久保山にあった。今は公園のようになっており、私が訪れた時は子供達が野球を楽しんでいる光景に出合った。その小高い丘からは宮津の町々や宮津湾が一望出来る丘である。左側は天の橋立への海岸が望まれているのではないだろうか。長く続いている地形はこの館からも望まれたであろう。びわ湖畔に、築かれた坂本城からは湖畔を望む位置から静かな満々たる湖岸が望まれ、この大久保の館からは天の橋立を望む宮津の海が望まれる。しかし私の心にはびわ湖の明るさがこの海からは感じる事が出来なかった。

幽斎父子が遥か勝竜寺から攻め上ったという町の南の大江山の麓まで行った。戦いは玉子の結婚の翌年、天正七年の夏、当地の豪族一色氏が立て籠っていた。要所要所に山砦を築き、いずれも事ある時に備えている。殊《こと》にこの大手川の流域は丹後全体の地図を見ると丁度その東西を分ける中央部に辺り、かねてより所謂《いわゆる》奥丹後の喉口である。さすがに一色氏もこの地域の重要さを知り周辺を押さえようとしていた。

信長の命によって天正六年四月(一五七八)藤孝は忠興と共に取りあえず丹後の中央部へクサビを打ち込むべく乗り込み、上宮津の小倉城を攻めようと、ここ八幡山へ砦を築いたのであった。

だが、この時の戦いは、細川方の敗け戦さであり、次年天正六年九月光秀の力も借りて侵入、数倍の大軍にて日夜攻め抜いたが及ばず、その後細川方はこの小倉城の命の綱である水源を発見し、直ちに水源を破潰《はかい》して断水したとある。そして丹後一色氏の有力な勇士が戦死していった有様《ありさま》が知られている。すなわちこの八幡山《やわたやま》はこの戦いの根拠地として、新興勢力である信長の政略の一環として、まさに開かれる丹後近世史への扉をあける役目を果した土地であった。いまは山頂に僅かばかりの畳石を残すのみであるが、「丹後の宮津」にこの歴史が秘められ、この山は眠っているのである。ふと海の方を望むとやはりここからも「天の橋立」がその美しい姿しを静かに横たえている。信長より丹後に封ぜられた幽斎はその時の歌として『そのかみに契りそめつる神代までかけてぞおもふ天の橋立』と詠まれ、「丹後入国のとき橋立見にまかりて」という詞書が添えられている。その時の心情として、天の橋立を領内に持つことができたのは遠き神代の時代からの約束事であったのだろうかと、その昔に心を馳せながら、今日、この絶景を目のあたりにすることよ。とその幽斎公の感動を、実際にその眺望を見ることができる思いに馳せながら、八幡山を下山してしばらく行くと智源寺を囲んでいる山がある。これが大窪城址《おおくぼじょう》で、この寺からでも山へ登ることが出来る。山頂はいずれは五〇～六〇メートル足らずの小丘台地である。その北端に立つと目前に宮津湾がひらけ、この辺りを桜山と土地の人は呼んでいる。さて何処が城址であるのか。既に山の姿は変わり、確かな地取りは出来ない。裏山らしい所は雑木林のようになり、岩もあちらこちらに散々していているが小高い丘のようになっている。そして天正十年六月（一五八二）の本能寺の事件当時、この大窪城には忠興・玉子夫妻が居城し、玉子が亡き父の首を確かめられたというのも、この城であり、城下の盛林寺へ葬られたと伝承されている。「前日州大守条鉄光秀大居士《こじ》・天正十年六月十三日」の墓碑があり、戒名がかすかに読みとれる。今も盛林寺本堂裏に小さい宝《ほう》蓙《ざ》印塔《いんとう》の供養塔が建てられている。だがこの寺は一色氏の重臣、小倉氏の菩提寺として天正五年（一五七七）宮津大久保に創建され、その後、現在地に移転した。そして丹後各地の名勝などを紹介した宮津藩の地誌である「丹哥府志《たんかふし》」の記録の中に「前日州大守条鉄光秀大居士天正十年六月十三日というは明智光秀の位牌なり。細川忠興の妻父光秀菩提の為に安置せらる。」とある。そして「上宮津村史」の中に「ガラシャ夫人は父光秀の謀叛とその死を知り、さらに十七日には父の遺臣少年斉藤光三によってその首が届けられ、父の死面に接した。」と伝えられている。小倉氏滅亡の後は細川氏によって厚く庇護されるが、秀吉は細川父子の許へ届けさせたのではとの説もある。真実、父の亡骸を受け取る事が出来たのであろうか。細川家の嫁としての立場と明智家の娘として身の寄り拠をどのように保たれたであろうか、今私の心に思い浮かんでくる事は昭和五十五年九月に細川ガラシャの生涯の舞台劇で劇団つちおとによる「憂愁のかなたに」という舞台を大阪の郵便貯金ホールで見る機会を得る事が出来た。その時の感激が今、鮮ってくる思いである。その舞台で大窪城の一間での忠興・玉子、小笠原小斎家老の姿が思い出されてくる。その時の本能寺の変の時の対処の場面が舞台になっていた。婚儀より四年の後、天正十年（一五八二）六月二日、本能寺の変が起った時、藤孝・忠興父子は信長軍団として毛利征伐に出陣する間際である。その時、本能寺の変を知らせる書状が都からの急飛脚で来たのである。

光秀は、信長の命により三女玉子を忠興へ嫁がせている立場から頼みとする細川家の援助を心強く望んでおられたことと思われる。しかし細川方の信長に対する忠誠心又、与一郎忠興は信長に殉じようとする心しか動かなかった。元より味方になって共に天下を平定しようとする誘いの書が細川家「永青文庫」に伝わっている。

覚

一、御父子もとゆひ御払ひの間、尤も余儀なく候。一たん我らも腹立ち候(共、思案の程かやうにあるべきと存じ候。然りと雖も此の上は大身を出され候て、入魂せしめ、こひねがふ所のこと。

一、国の事、内々摂津と存じ当て候間、御のぼりを相待候つる。但(但馬)、若(若狭)の儀思召し寄り候はば、是以て同じく前より差合いきと申付くべく候事。

一、我ら不慮の儀存じ立ち候事、忠興など取立申すべしとての儀に候。更に別条なく候。五十日百日の内には近国の義相堅むべく候間、其の以

後は十五郎、与一郎殿などへ引渡し申し候て何事も存ずまじく候。委細両人申すべく候事。以上

六月九日　光秀花押

（以上明智光秀自筆覚書より）

これを口訳すると

「細川ご父子（藤孝・忠興）ともに信長の死を慎んで髻《もとどり》を切られたそうだが、しかたがないことだ。この光秀も一度は腹が立ったが、よく考えてみると当然だとも思った。けれども、こうなったうえは光秀に味方してほしい。それについてご父子に進呈すべき国として内々摂津をと予算しながら、上京をお待ちしている次第だ。が若狭の国を所望されるとあらば、それもまたお望みどおりに進呈しよう。自分がこんどこの様な思いがけない大事を敢行したのは婿である忠興などを引き立てたいためであって、ほかの目的があるわけではない。ここ五十日か百日のうちには近畿を予定する

から、それからは十五郎や与一郎（忠興）などに、天下を譲り、この光秀は何も考えず隠退するつもりでいる。くわしいことは両人の使者から申し伝える」

本能寺の変は天正十年六月二日夜半、決行された。光秀は一万三千の軍勢を三段に分け、丹波の亀山城を出発し、全軍は暗黒の山野を縫い粛々《しゅくしゅく》として前進を始めた、いっぽう信長は五月二十九日に七十余人の馬廻小姓衆を引き連れて安土城を発向し、晦日《みそか》に上洛し、本能寺に宿泊した。やがて桂川を渡った一万三千の明智軍が水色に桔梗の紋を染めぬいた旗指物《はたさしもの》を先頭に奔流のように京都四条西洞院《にしのとういん》の本能寺に到着したのは六月二日の早《そう》暁《ぎょう》であった。

「本城惣右衛門覚書」には、本能寺突入時の述懐で「山さきのかたへとこころざし候へば、おもひのほか、京へと申し候。我等は其折ふ　いえやすさま御じょうらくにて候まま、いゑやすさまとばかり存候。ほんのう寺といふところもしり不申候」とある。このように、雑兵は信長討伐という目的を最後まで知れされていなかった様子であり、本城は信長の命で家康を討つものと思っていたのである。

四国出陣から変の急変について思うに、光秀は、五月二十六日になって、丹波の亀山に帰城している。その間、家康ら一行は、信長の勧めで京都と堺の町の見物に出かけた。五月二十七日、光秀は近臣数名を連れて愛宕山に参詣した。戦勝祈願のためである。この途中で信長父子の動向を察知したと思われる。信長は馬廻りの小姓衆や女中など七十余人をつれて上洛し、本能寺に織田信忠は二千人の軍勢を従えて妙覚寺にそれぞれ宿泊する予定になったことを確認出来たのであろう。しかも当時、信長の有力な部将は遠隔の地に於いて強敵と相対していた。柴田勝衆は越中で上杉景勝《かげかつ》と滝川一益《かずます》は上野で北条氏政と羽柴秀吉は備中で毛利の大軍と（いわゆる高松城の水攻め）いずれも睨み会っている状況であった。他を顧みる余裕のある武将はなかったであろう。打倒信長の陰謀を思いついたのはおそらくこの時であろうと推察されている。そしていかなる時、決意なされたのであろうか。翌日（二十八日）光秀は愛宕山の西坊で連歌師の里村紹巴《じょうは》らとともに百韻《ひゃくいん》の連歌会を興行している。

時は今あめが下《した》しる五月哉《さつきかな》　光秀
水上《みなかみ》まさる未の松山　西坊
花おつる流れの未をせきとめて　紹巴

これはその時の光秀の発句、西坊《にしのぼう》行祐の脇句、里村紹巴の第三句として世に知られている。桑田忠親先生の説によれば、時は今あめが下なる五月哉とあったのではなかろうか。それを後の人が光秀の叛逆《はんぎゃく》を強調するために「下なる」を「下しる」と第二句を改竄《かいざん》したのではなかろうかと推理なされておられる。なぜかと云われると、いくら光秀が昂奮状態にあったにせよ、大事の決行の前に控え、この様な軽率きわまる発句をわざと吟ずるはずがあるであろうかと思われる。連歌師やその他の人々に武略の秘密を悟られるような事をなされるような事はないと思われる。

しかし、「時」は「土岐《とき》」に通じ、美濃の守護土岐氏の支族である光秀自身のことを指し、「天が下しる」とは天下を統治する意味だと普通解釈している。そして、紹巴を陥れるためでなく、光秀の叛逆を強調するために「下しる」と改竄《かいざん》されたと推察されている。

細川家にとって、主君信長を殺したのが、玉子の父光秀であると知った時、藤孝は天下の耳目《じもく》が自分達父子の一挙手一動に注がれているのを悟った。細川家にとってこの急場をどのように対処すべきなのか、又細川家の運命の糸を思いあぐねれば、時の情勢を敏感にとらえねばならぬ。思えば藤孝にとって光秀とは、共に教養に恵まれ、雅《みやび》の事柄にも造詣《ぞうけい》が深く、自他ともに認めあえる年来《ねんらい》の知己である。藤孝は還俗したばかりの足利将軍、足利義昭を連れて放浪中であった時、越前、朝倉義景《よしかげ》のところに身を寄せていた光秀に出合っている。この縁がなければ、今日の藤孝、光秀もなかったであろう。互いに尊敬し、信頼し、共に心の許せる友として多くの困難に、対処してきた間柄である。

天下統一に向う大きな社会変動のなかで、細川藤孝（幽斉）は足利義昭とともに旧体制の側から名乗りを上げ、信長と共に行動した、藤孝の出生については足利十二代将軍義晴《よしはる》の第四男で、藤孝の母が懐妊中に三淵晴員《みつぶちはるかず》に嫁した。五歳で再び義晴の命で細川元常の養子となった。母、船橋氏の実家は平安時代から律令格式を伝える家柄であり、清原家の一族であり、清原家は代々公家儒家としての家柄であり、幼い頃藤孝は名を万吉といい、幼い万吉は母方の祖父清原宣賢《のぶたか》の手で育てられた。宣賢は、文明七年に生まれ（一四七五年～一五五〇年）清原家は後に舟橋氏を称したので、舟橋宣賢とも称せらる。実は吉田兼見《かねみ》の子で清原業忠《なりただ》の孫にあたり、清原宗賢の養子となったのである。侍従に進み、儒学を以て子弟を教授し、「五経」「論語」「日本書記」を講じ、常に環翠軒《かんすいけん》の称を用いた。天文一九年七月十二日越前、朝倉氏の許に於いて年七十六才にて没すと「清原系図」に記されている。なお越前朝倉氏に招かれ下向し、宋学《そうがく》を地方に伝播《でんぱ》したことで知られ、そして越前一乗谷の地で近時、墓石が発見されている。後年古典を学び、古今伝授を授け、当代一流の歌人としてうたわれた幽斉の素地はこの清原家で成長した事により培われていた。又、現在熊本水前寺公園にある幽斉ゆかりの地としてその名を広め「古今伝授の間《こきんでんじゅのま》」として桃山式回遊庭園としての趣きがその庭園や池、その茶屋に窺える。その古今伝授の間というのは、池畔に建つ萱葺きの茶屋でもと京都御所に建っており、桂宮智仁《かつらのみやとしひと》親王の書院を兼ねた茶屋であり、この室で親王に古今和歌集の解説の奥義を伝授された建物である。藤孝の青春時代は翻弄《ほんろう》される足利将軍家の運命と共に苦難に満ちたものであった。そして「細川家家記」によれば、養父細川元常と共に十五才～十七才の間で将軍義晴に従がい、一人前の武人として戦場を馳せ巡り戦功を挙げていたことが偲ばれる。初め、藤孝が居城勝竜寺城を出て、将軍擁立《ようりつ》に従事した時、突然の事でもあり、京都の一条の館には永禄六年（一五六三）十一月に生まれた長男熊千代（後の忠興）が乳母に托《たく》されて残っていた。この館も敵の包囲の中に陥《おちい》り、辛《かろ》うじて落ちのびたがこ

細川忠興・玉子御像（勝竜寺城内）

の間の生活の中で将軍家の末路を目の前にし、文学や芸能の道にも造詣が深かったのはその環境により育まれたことに他ならない。しかし、若い藤孝が思った事は今までの公卿《くげ》の生活ではこの戦国乱世の世を渡っていくには、あまりにも酷なことであることを痛感され、細川家の代々から伝えられてきた高い精神文化の世界のみではもはや生きていくことの厳しさ、又、律令、格式を伝授していくことの道で生きる厳しさを感ぜられ、新体制の時代を生きるためにはまず武芸を身に付け兵学を修めねばならぬ。その上で細川家伝統の諸芸の奥義の真髄を極め、祖先から続いてきた魂を伝えるため、藤孝が考える家は親から子へ子から孫へ受け継がれていく伝承精神である。

家という外側の形にこだわってはならない。そのために自分が伝えようと努力した足利将軍家は滅亡の途を辿り、今、信長が死んだ。藤孝にとって細川家に伝わるさまざまな日本古来のもの、形のあるなしではない。その底に一筋流れる大和ごころを藤孝は消してはならぬと決意なされたのであろうか。

藤孝は考える。今度のことは信長に対する数々の憤りや無念さから出ているのか。天正三年三月以来、七年間信長は光秀に丹波を藤孝には丹後を攻略させようとした。それはいつも光秀の率いる軍団の中に藤孝があって協力する態勢をとらせていたのである。先年の八上征伐の時の行手が藤孝の胸を締めつけるのである。丹波随一の豪族八上城は波多野秀治の居城であり、難攻不落の城である。なかなか城は落ちぬ。光秀の主な担当は丹波経略にあったが順調に進まず、時間をかけねばならぬ。そして、その間《あいま》、間《あいま》に本願寺、雑賀攻め、播州攻めなどにも参加させられ、佐久間や織田信忠、秀吉の担当部門まで援護せねばならぬ。このように信長の人使いの荒さについていけぬ過酷さがあったのではなかろうか。部将や士卒を自分の意のままに使っていく非情さにじっと耐えていくしかないことを感じられていたのではないでしょうか。時折、主君の前で光秀は冷徹な目でじっと主君の罵声《ばせい》に耐えていた。藤孝はこういう光秀の姿を見るにつけ、同胞として胸の痛みを感ぜずにはいられなかった。その折々につけ、光秀の心は信長から離れていったのでしょうか、いやそんなはずはない。藤孝と相談して足利義昭を信長に奉載《ほうさい》させる任務をおびて信長に仕えた光秀が知行五百文を与えられたと「細川家記」には記されている。それほど藤孝を説いて信長を高く評価し「時の人」として信長の許へ、義昭上洛に力を注ぎ、馳せ参じさせるために力を尽くした光秀ではなかったのかと藤孝は思う。そして、光秀は朝倉家に仕えた時の様な一介の浪人者というのではない。新将軍となるべく足利義昭の侍臣《じしん》なのである。信長も光秀のそうした立場を理解したうえで臣下に加えられたのであろう。

桑田忠親先生の著述には、「光秀の希望は藤孝と同様に足利将軍家と室町幕府の再興にあったので、かれ自身が将軍や信長らをしのいで、天下を盗ろうという様な野心はもともと持っていなかった」と推論されている。光秀謀叛の原因については古来、さまざまなことがいわれているが、なおも、「いつ、心の内が信長公から離れ始めたのか。」と幽斉は思う。幽斉の母方の代々儒家としての倫理感では許されぬことだ。考えても解けぬ謎が幽斉を責める。想えば、天正十年五月十四日付にて、信長の子、神戸信孝は丹後、丹後の国侍に命じ、兵粮《ひょうりょう》、馬飼料、武器弾薬などを持って、四国討伐に参加させようとして、兵船をも動員している。するとその翌日、五月十五日の事、安土の居城にいた信長は家康一行の饗応の役目を命じ、終えるや西国経路の備中高松への先陣、羽柴秀吉軍への援軍である。この激動の中、心の休まる時すらなく、矢継ぎ早に飛ぶ信長からの苛酷極まりない命令言下に、前途に対する不安と危機感は光秀、本人だけでなく、臣下の斉藤内蔵助利三、明智左馬助とて同じ気持であり、「殿をお守りせねばならぬ」とひとかたならぬ強い思いが互いにあったことと思う。明智軍団の双々は互いに強い結束で今度の本能寺襲撃に向かっていった事と思う。本能寺襲撃の真相は。彼らの行動の中に秘められているように思えてならない。室町幕府体制の光秀や家臣団が標榜する旧来よりの「武士道」と新しい統一国家を「布武」する信長の施策、直属の大名の所領支配にまで命令言下、干渉する、信長の標榜《ひょうぼう》する「武士道」とは相容ぬ宿命を背負っていたのであろう。由に信長の「統一国家」への「城割り」、「検地」は彼らの生活を脅かす、大きな社会変動であろうと思う。

特に本能寺の変の二、三年前から、家臣や属将に対する苛酷さ、処刑の残忍さが加速度的に強化されつつあった。一方で越前、加賀、伊勢等に蜂起する一向一揆を徹底的に討伐して、門徒の根拠地である摂津の石山本願寺を攻囲する前後において、いわゆる「天下布武」のブルドーザーが強烈な勢いで回転し、信長は敵対する者すべてを押し潰《つぶ》し始めた。知識人であり、教養人である光秀にとって耐え難い心の痛む思いであったろうと思います。

この度の四国攻撃直前、丹波の国主である、光秀の意向を無視して、四国討伐に参加すべしという指令が発せられている。「おそらく、信長は光秀から召し上げた丹波の国を三男信孝に与えることを信孝に伝えたものとみえる」と桑田忠親先生は推論されている。

「天下布武」の号令によって天下統一を目指す、信長にとってまさに青天の霹靂ともいえる、出来事に遭遇するわけであるが、信長にとっても不幸な出来事であり、光秀にとっても不幸な出来事であった。小和田哲夫先生は対談の中で「本能寺の変の出来事は日本の歴史の中でも特別重要な意味をもつ一大事と云えよう。羽柴秀吉は高松城の水攻めの攻防にあたっていた時、信長は援軍として光秀に命じるわけです。しかも秀吉の指揮下に入れと。そのうえ光秀の所領をも召し上げ、これから戦う毛利氏の所領である出雲、石見を戦勝後に領地として与えると通告するわけです。

光秀はまさか自分が援軍として備中高松へ赴き、秀吉の指揮下に入る。さらには領地替えになるとは思ってもいなかったでしょう。

ええ、そうだと思います。ですから光秀公はこの時から見放されつつあると強く感じとったと思います。だから石山本願寺攻めの不手際を責められ、無能の烙印を押されて、切り捨てられた佐久間信盛追放事件と同じように、『そろそろ、今度は自分が冷飯食いになるな』という恐れが現実的になってきたと同時に『先に信長を倒せば、自分が天下人になれる』と考えたのではないでしょうか」と言っておられる。

又、フロイス神父の「日本史」に書き伝えられているように、家康饗応の準備の事で意見があわず、信長から一、二度、足蹴《あしげり》にされたことさえあった。このように肉体的な迫害や恥辱《ちじょく》だけでなく、精神的な迫害や恥辱も色々信長から与えられたに相違ない。信長の重臣としての光秀の立場をなくし、面目を傷つけ、又は赤恥をかかせるようなこともさぞ多かったことであろう。窮地に追いこまれたこともあったであろう。桑田忠親先生が結論として、主張されているのは光秀が武将としての、面目を信長によって踏みにじられた恥辱をそそぐのが目的ではなかったかという考証である。先の実例でも四国の長宗我部《ちょうそがべ》元親《もとちか》の対、信長の先約不履行の例でも解るように、面目をまる潰れにされ、信長の横暴極まりない処遇に、屈辱に堪えきれなかった。だまって屈辱に耐え、生きてさえいればいい、知行を増して貰えればいいという奴隷的な腑《ふ》抜《ぬ》けな人間ではなく、教養のある知将としての武将である。光秀は「武道」の面目上、主君、信長といえども、「武道」の面目を傷つけられた怒りというところに、立場を理解すべきであると述べられている。光秀の真実の声は我々にとどいているのであろうか。

「順逆二門なし
大道心源に徹す
五十五年の夢

覚め来たり一元に帰す」

光秀公の辞世と伝えられる。ただ心の底を流れる一筋の道に従っていかれたのだろうか。舅、細川幽斉の語録の中に

「学問は博く学ぶべきものなり。

たとへば乞児《こじき》の持ちし嚢《ふくろ》の如く、

残肉冷羹《れいこう》、悉《ことごと》く貯ふるが如くすべし。

博学多識にして然る後、弁論取捨《しゅしゃ》する

ことの出来るものなり。」

と、学問は、ひろく学ぶべきことと教示している。関ヶ原の戦いの折、田辺城（今の舞鶴）にあって家康方の東軍に応じたが、石田三成方の西軍に包囲され、危く逃れた。その際、彼の死によって歌道がすたれることを憂えた後陽成天皇の要請によって和議が成立したと言われている。

共に戦国の世を生き抜いた、よき心の友であり、心の懊悩《おうのう》の中、常に領

国の民が安堵出来る「平和な世」を求めて戦っていた友であったことと思います。又、私はそう思いたいのである。

第4章　夏の越中井

散りぬべき時知りてこそ
　世の中の花も花なれ
　　人も人なれ

先立つは今日を限りの
　命にもまさりて惜しき
　　別れと知れ

私の内に響くガラシャの声、「私の心を大切に」と、その心を求める私の旅でもある。そのお心を感じとる事が出来る様、祈り求める私の道でもある。細川家に嫁ぐ日から玉子の側《そば》に寄り添い、里方明智家からの付け人としての清原小侍従は時々、お方様のお心がわからなくなる時がある。お二人は、容姿ともよく似たお方であると言われている。時々、憂愁の眼差しをされる時がある。思い耽られている時がある。その時は清原小侍従はその心に入っていくことの出来ない自分を感じられる。どの様な慰めのお言葉をかけてよいのかと心の痛む思いに閉ざされる。「お父上、母上様の事を想うての事か」、「夫、忠興様の事を思うての事か」と、この大坂、越中屋敷に戻ってからも、丹後の味土野にともにおられた時にも小侍従には感じられる、お方様の眼差しである。時々、お方様は遠くへ行ってしまうような感情に襲われる時がある。夢の中で霧の彼方へ行かれるお方様、気が付けば、汗びっしょりになって目が覚める。昼夜、生活を共にした小侍従。木々に芽生えた花が咲く、この越中屋敷の庭の小道を二人で散策する姿を感じる。共に風雪に耐え、今は穏やかな温もりの季節であったであろうか。

何時も玉子は侍女をひとりしか連れていかれず、かならず清原小侍従であったはずである。細川ガラシャの陰にいつもつつましく、ひっそりと咲く花の様に感じられてならない。小侍従の謎に秘められたお姿にガラシャの真実の声がある様に思えてならない。

フロイス著「日本史」六二章の一節に「その婦人は（細川）家の（家事）いっさいを司っており、（奥方）の親戚にあたり、かつて大和の国において、もう一人の貴人結城《ゆうき》山城殿とともにキリシタンになった（清原）外記殿《げきどの》という内裏《だいり》の師傳《しふ》を務めた一公家《くげ》の娘であった。（奥方）の師であり、（細川）家の侍女頭でもあるこの婦人は、知識においても（奥方）にほとんど劣りはしなかった。」とある。なお、海老沢有道教授著の「地方切支丹の発掘」に清原外記について「一五六三（永禄六）年春、叡山の僧徒らが、松永久秀に伴天連追放を迫ったが、久秀はすでに公方《くぼう》から允許状《いんきょじょう》（認可状）も出ており、無下《むげ》に追放も出来ないので、重臣で文武に達している結城山城守忠正及び公卿の学者清原外記とバテレンとを対決させ、事を決しようということにしたところ、却って二人ともキリシタンになった話は、ミヤコの初期布教史を飾る著名な出来事である。この清原外記はバアドレの記録にGuequidonoと出ており、それが清原大外記《だいげき》枝賢《しけん》であることを指示している。思想史的には唯一神道家の吉田兼倶《かねとも》の孫に当る清原外記枝賢の入信は史料的には乏しいが注目すべき事である。枝賢がキリシタンと交渉を持った永禄六年(一五六三)春には、四三才。少納言侍従また宮内卿であり、天正四年（一五七六）に従三位に進んでいたことが明らかである。こうした高位のキリシタン公卿は当時において他になかったから、バアドレ書簡に特筆されそうなものであるのに、浅学の致すところか、彼の入信当時のことしか見出さない。しかも霊名すら記されていない。天正四年と云えば、かの京都南蛮寺の建立当時のことであり、高山右近父子や結城弥平治らの奉仕が伝えられているのに枝賢の名は見えない。枝賢の娘、清原小侍従マリアの篤信《とくしん》にも拘《かかわ》らず、彼自らの信仰は早く冷却していたのであろうか。

『公卿補佐』によると天正九年四月九日、叙正三位、同月十一日出家。

法名道白。天正十八年十一月十五日卒とある。即ち結局は棄教して出家、七一歳で没したものと認められる。清原外記枝賢が、どの程度父祖の学を継ぎ、唯一神道の造詣をもっていたかは知られていない。しかし祖父兼倶が大成して以来、唯一神道は西田博士の云われるように常に「その時代時代の宗教思想に敏感であった」。そして、枝賢の生きた時代には吉田兼右を経て吉田兼見（兼見卿記《かねみきょうき》を著す）が、その本流を嗣《つ》ぎ、その弟、梵《ぼん》舜《しゅん》らとともに神道界に君臨していた。なお、キリシタンの教法を説いた『妙貞問答《みょうていもんどう》』の写本を吉田家が所蔵していたことを見ても、吉田家が新来のキリシタン宗に関心を抱いていたことは確実である。そして、その後キリシタンと吉田神道との直接的な交渉は『妙貞問答』を除いてなんらの進展も見られず、早く途絶えてしまったものと考えられる。

しかし、清原外記枝賢の娘、小侍従マリアは篤信の女性で、一五八六年に、細川忠興夫人に先立ち、洗礼を授けられ、みずから夫人に授洗《じゅせん》するに

当り、剃髪《ていはつ》してデウスに永遠の貞潔を誓っている。『宇野主水記《うのもんどき》』に、

オイトノカタト申、上ラウチ御使、清外記息女也

とあり、「オイトノ方」と称されていたこと松田氏（松田毅一氏、南蛮史料の研究、七二一頁）は指示している。なお細川忠興の祖母は清原氏の出であることを付言して置かねばなるまい。」と著述されている。このように、小侍従は十二、三才の頃、育友会というキリシタンの会に関わっていた事も云われているが忠実はどうであろうか。清原家は細川家の親戚筋にあたっている。

キリストにならい、この世の

むなしいものすべてを軽んずべきこと

1

「わたしに従って来る者は、やみのうちを歩くことがない」（ヨハネ八・一二）と主は言われた。この言葉でキリストは、もしわたしたちが真に光に照らされ、心を暗くするすべてのものより逃れようと思うなら、主の生涯と行為とにならうべきことを教えられる。それ故、イエス・キリストの生涯について深く考えることを、われわれの第一の務めとすべきである。

当時のキリスト教信仰の人々に聖書の次に、よく読まれていた「こんてむつすむん地《ぢ》」の第一章「御あるじのたまはく。われをしたふものはやみをゆかず、ただ命のひかりをもつべしと。」で始まる、溢れるばかりの慰めと励ましとを与える書であり、「光と命の書」と呼ばれて、五世紀半にわたって、あらゆる国の人々に深く愛読された。小侍従と共に朝夕に、「命の書」を問答し、心を暗くするすべてのものより逃れるべく、ひたすら祈り求める日々。

第二二章「逆境の益について」(一)

「時として、苦労や逆境に出合うことはわれわれにとってよいことである。苦労によって人は自分の心をたずねることが多いからである。これによって、人はこの世では、追放の身であって、世の何ものにも望みを置くことはできないことに気づくのである。われわれが、時として反対にあい、また行いや意図が善いときでも、人から悪く思われ、誤解されるということもよいことである。そのようなことはわれわれがけんそんになることに役立ち、また虚栄の心が起こらぬようにする。

人から軽蔑され、少しもよく思われないとき、われわれはかえって内心の証人としての神に向かうのである。

（二）

それ故、人は人間から多くの慰安を求める必要がないように、全き信頼を神に置かねばならない。善い人が悪い考えで悩まされ、試みられ、苦しめられるとき、前よりも一層、自分が神を必要とすること、神がなくては何らの善をもなし得ないことを悟るのである。かくて、自分の運命を悲しみ嘆くとき、その不幸の中で人は祈りに向かう。人はそれ以上生きることに倦《う》み、この世を去ってキリストと共にいるために死が来ることを願う（ピリピ一・一三)。この世では完全な安全も、十分な平安もあり得ないことを確かに悟るのはこの時である。」ガラシャ夫人は、この箇所を読まれた時、何度も何度も精読され、小侍従と共に唱和なさっていたことと思います。夫人の憂愁に閉ざされた心に、一筋の光明の光がはっきりと注がれている時であったと思えてならないのである。この時夫人のお心に、悶々と、味土野での幽閉の身の時から、行きつくことのない答えの見つからない苦悩から、確信に満ちた信仰の喜びに包まれたことと思います。

ヨハネによる福音書、一四章一節より
(そのとき、イエスは弟子たちに言われた。)
「心を騒がせるな。神を信じなさい。そして、わたしをも信じなさい。わたしの父の家には住む所がたくさんある。もしなければ、あなたがたのために場所を用意しに行くと言ったであろうか。行ってあなたがたのために場所を用意したら、戻って来て、あなたがたをわたしのもとに迎える。こうして、わたしのいる所に、あなたがたもいることになる。わたしがどこへ行くのか、その道をあなたがたは知っている。」トマスが言った。「主よ、どこへ行かれるのか、わたしたちには分かりません。どうして、その道を知ることができるでしょうか。」イエスは言われた。「わたしは道であり、真理であり、命である。わたしを通らなければ、だれも父のもとに行くことができない。あなたがたがわたしを知っているなら、わたしの父をも知ることになる。今からあなたがたは父を知る。いや既に父を見ている。」フィリポが「主よ、わたしたちに御父をお示しください。そうすれば満足できます」と言うと、イエスは言われた。「フィリポ、こんなに長い間一緒にいるのに、わたしが分かっていないのか。私を見た者は父を見たのだ。なぜ、『わたしたちに御父をお示しください』と言うのか。わたしが父の内におり、父がわたしの内におられることを、信じないのか。わたしがあなたがたに言う言葉は、自分から話しているのではない。わたしの内におられる父が、その業を行っておられるのである。わたしが父の内におり、父がわたしの内におられるとわたしが言うのを信じなさい。もしそれを信じないなら、業《わざ》そのものによって信じなさい。はっきり言っておく。わたしを信じる者は、わたしが行う業を行い、またもっと大きな業を行うようになる。わたしが父のもとへ行くからである。」

（今からとはイエスの時、すなわち十字架と栄光の時のこと指していると云われている。）

ヨハネによる福音書、一四章一七節より、

「この方は真理の霊である。世はこの霊を見ようとも知ろうともしないので、受け入れることができない。しかし、あなたがたはこの霊を知っている。この霊があなたがたと共におり、これからも、あなたがたの内にいるからである。わたしは、あなたがたをみなしごにはしておかない。あなたがたのところに戻って来る。しばらくすると、世はもうわたしを見なくなるが、あなたがたはわたしを見る。わたしが生きているので、あなたがたも生きることになる。かの日にはわたしが父の内におり、あなたがたがわたしの内におり、わたしもあなたがたの内にいることが、あなたがたに分かる。わたしの掟を受け入れ、(「互いに愛し合うこと」が「わたしの掟」と呼ばれている。)それを守る人は、わたしを愛する者である。わたしを愛する人は、わたしの父に愛される。わたしもその人を愛して、その人にわたし自身を現す。」

ガラシャはこの福音書にふれられていたなら、生きている神を「わたしが生きているので、あなたがたも生きることになる。」と感得されたのではと感じます。死んだお方としてではなく、生きて、私達と共にいてくださる方と、夫人は越中屋敷では一歩たりとも外出の許されぬ身であるが、生きている神の存在によってご自身も生きている喜びに感得された日々、「かの日（イエスの復活につづく日）には、わたしが父の内におり、あなたがたがわたしの内におり、わたしもあなたがたの内にいることがあなたがたに分かる。」このみ言葉により、パライゾへのみ国を求めてご自身の進むべき道を悟られたのではないでしょうか。命の不思議を、心の眼で、じっと見つめてこられた日々、私達に〝命の大切さ〟を身をもって示してくださっていた事に、ふと我に感じた時、又わたしの進むべき道をも（涙にむせぶ自分を感じながら、感謝の心でかみしめながら）、示してくださっているように思う。

じっと命をみつめておられたお方に「人もし全世界を掌にするともその魂を失わば、何の益かあらん」とジュスト右近の言葉が電撃のごとく、その体内を震わした時、父への解けぬ思いが、心の底を流れる一筋の道に従っていかれた父の思い、その父の魂にふれた時、今までの苦悩から、父への救いに心底から満たされた瞬間であったと思う。解けぬ思いの糸を手繰《たぐ》り寄せるように、父上の思いとは、父の起した謀反のことは、大道、己の大義を心底まで突き通されなかったのであろうか、人の思いの糸に操られ、「父上はご自身の魂を失っていなかったろうか」、今まさに五十五年の夢のごとき人生を『覚め来たり一元に帰す』との言葉を残された。根元に戻っていく心境であろうか。天道を思い、み国に赴く心境であろうか、己の信ずる道を歩まれたであろうか。「父上はご自身の魂を失ってはいなかった」と念じられる思いではないでしょうか。パライゾ（天国）への道を希求するガラシャの思いと何か相通じる願いを感じてならないのである。

毎年、六月十日に行われる大津市坂本、西教寺に於いて、明智光秀公顕彰会の折、立ち寄らせていただいた境内に、辞世の句「順逆二門なし」の説明の碑がある。色々な解釈も有ろうと思うが、「今まで歩まれた人生の道のりに順境の時であっても、逆境の時であっても、全ては一元に帰するもので、元は皆、同じものである。」という意味の説明があった。確かに宗教性の有る言葉と思う。残された辞世の句は、後世の我々にどの様に響いてくるのであろうか。「戦国武将の語録」の著者、神子先生のお言葉を借りれば、戦国武将の言動に共通していることの一つは、それがきわめて人間くさいという点である。もちろん、たてまえとしてのきれいごとも少なくはないが、ギリギリの生存競争を勝ちぬいてゆく為には、どんな武力も財力も、「人間のきずな」をぬきにしてその力を発揮させることは出来なかったと指摘されている。急速にのぼりつめた創業の武将たちにとって「人間のきずな」がすべてであったといっても過言ではあるまい。そこに命がけで、体験した人間性が滲み出てくるものと感じる。その方の人間性の解釈も時代とともに変化するものであろうか。言葉の奥の深さにただ、沈思黙考するのみである。

昭和五十八年に開催された細川ガラシャ展（九月十八日〜十月二十六日にわたり）の展示物の中で私の心に強い感動を受けた「竹に鶴、桔梗模様の十字架」が有りました。表裏とも金銀等の美しい象嵌《ぞうがん》を施した桃山期の和製十字架を拝見した時、この時まで私の「心に残っている鶴」がこの十字架の中にあることでした。それは昭和五十五年一月中旬に私がガラシャ夫人のお輿入れをされた勝竜寺城址を散策していた時、城址を取り巻く堀の中から真白い一羽の鶴が私の姿を見て舞い上がっていく。私は得も知れぬ不思議な感動を覚えた。はっと思う内に鶴は何処ともなく飛び去った。年月を隔てて、玉子の方のお心が白い鶴になって訪れてくださったのかと感じた。それまで勝竜寺城での御婚儀の時の純白の打掛姿のお姿を思い浮べ、一瞬その場に立ち尽くしていた自分が忘れられなかった。

そして今、この「竹に鶴・桔梗模様の十字架」を拝見させて頂いた時、まるで勝竜寺城址で舞い上がっていったその時の鶴が今私の眼の前を飛んでいる様な不思議な余韻が残りました。その時以来、私にはこの十字架がガラシャ夫人の信仰の心の内、そのものに思えてならない。家紋桔梗模様は土岐一族、明智家の血を受け継ぐ者としての自尊心、亡き父や母への祈念がこの十字架にこめられているように思われました。

『この時代は一つに「嫁しては夫に従え」といった倫理はこの時点ではまだ正面切って登場してはいない。それが幅を利かすのは江戸時代に入ってからで、むしろ夫のいうなりにはならない処に実家側のメリットがあり、また実家とのパイプ後としての嫁の政治的才能に期待出来るあたりに婚家側のメリットがあった。(中略)

戦国の作法なのだ。政略的に嫁がされた娘はこんなとき人質になるか捕らえて殺されてしまうように考えられがちであるが決してそうではなく、戦国の武将は思いのほかに紳士的である。これは一つには女性というものが嫁してもなお実家との深いつながりを持つ存在であることによるのだろう。』

人間ガラシャの生涯　永井路子著より。

このクルスの中にガラシャ夫人の深い思いと救済への本願が秘められているように思います。

そしてこの十字架が澤田美喜コレクションに保存されているという記事を読んだ記憶があり、私はガラシャのお心がこの澤田美喜女史の歩みの内に生きているように感じる日々である。

澤田美喜女史は「サンダー・ホームズ」という孤児の施設を作られたことで有名な方である。私はこの方の生き方そのものが正にガラシャ夫人の心の中に常に在った願いがこの方に継承された気持ちのように感じられてならない。

澤田美樹記念館（コレクション）には、隠れキリシタンの遺物が収められている。その中には、阿弥陀仏に模したマリア像、大友宗麟の鉄地蔵、細川ガラシャ夫人の遺品、高山右近手製のマリア像、綾部焼、キリシタン大名ゆかりの品々等が集められている。殉教者の子孫が大切に守ってきた品々に強い信仰の息吹きを感じるとして、打ち棄てられた遺物を九州のみならず、本州のあらゆる場所を巡り歩き、収集されたとある。又、国際留学生協会の新聞に女史の事が詳しく書かれていた。祖父は三菱財閥の創立者岩崎弥太郎の孫娘として、父岩崎久弥の長女として生を受けた。家は代々真言宗の家庭であったが、美喜はしだいにキリスト教に惹かれるようになっていく。

「汝の敵を愛せよ。」と、この言葉が「耳の中に火のように燃えて残った」と美喜は神奈川県大磯にいた時のことを自伝の中で述べている。

美喜二十一才の時、相手は外交館の澤田廉三。あまり乗り気ではなかったらしいが、澤田家が、クリスチャンの家庭であったことが結婚の決定的要因となった。夫と共に各国を渡り歩いていて、イギリスでの体験が彼女の後の人生にとって、その運命を変える意味を持っていた。ドクター・バナードス・ホームという孤児院を訪れたことが後の終戦時、日本の戦争混血孤児の養育に一生を捧げることとなる。戦後の米軍キャンプでのミルク集め、資金集めに奔走、美喜のエリザベス・サーダース・ホームで育った孤児達は約二千人いたといわれている。養子縁組と東奔西走の日々を送った美喜の人生も、ついに終りの時が来た。一九八〇年五月、スペインのマヨルカ島で七十八才の生涯を静かに終えた。安らかな死に顔だったと云われている。美喜を知る人の多くは、彼女は決して理想的な教育者でも、慈善家でも、社会活動家でもなかったと言う。しかし、子役達からは、本当の親として慕われた人であった。この方の人生を想うと、ガラシャが自宅に戦国争乱の中に親と死に別れた孤児や、うち捨てられた孤児達を手厚く看護し、面倒をみていたことを綴られていることが、私の内では、重なって思えてくる。「竹に鶴、桔梗模様の十字架」がこの澤田美喜女子のコレクションの中にあることに、何か見えない糸のようなものを感じてならない。ガラシャ夫人は、この美喜女史に所持してもらいたかったのではと自分勝手な想像をしてしまう。しかし、その後、どのようにして、細川家十八代当主、細川護熙公の「永青文庫」、細川コレクションに収められたのであろうか。

このクルスをガラシャ夫人は何時いかなる時に身にもたれたのであろうかと思う。

明智家の子女として、敬虔な忍耐強い母親としての思いに再び鮮みがえった時ではないだろうか。味土野での日々の苦悩と失意の内で、夫忠興との夫婦としての愛を祈り求められたお姿ではないでしょうか。夫婦としての契りを身をもって感じておられたのではないでしょうか。

昭和五十六年一月に京都、柴野大徳寺に忠興によって創建された名刹《めいさつ》「高桐院《こうとういん》」に行く機会を得ることが出来、三斎忠興ゆかり茶席松向軒《しょうこうけん》の趣きは格別な静寂なたたずまいと利休七哲の一人としての茶道をこよなく愛された大茶人としての、清冽な面影が鮮やかに偲ばれる思いに感嘆していた時、ふと頭上を仰ぎ見ると、書院であろうか、書蹟《しょせき》がある。

花かたらず
花は黙って咲き、黙って散ってゆく
そうして、再び枝に帰らない
けれども、その一時一処に、この世の
すべてを託している。
一輪の花の声であり、一枝の花の真である。
永遠にほろびぬ、生命のよろこびが、
悔《くま》なく、そこに輝いている。
高桐　冨山

私はこの書面を観た時、ガラシャその方が息づいていてくださっている思いに我を忘れ、じっと見つめていた。この言葉にガラシャその方のまなざしを感ぜずにはいられなかった。

永遠《とわ》に、ゼウスのもとに旅立たれたガラシャの永遠《とわ》の生命、復活の生命にあずかられたお心が夫、忠興君へのまなざしへと向けられ、そのお心が忠興君の内にすまわれていたように思えてならない。忠興は、この細川家を救い、ガラシャの祈りがわが細川一族をささえていてくれることを心から思い、己のいかなる者かを悟り、天を仰ぎゼウスに、今までのことを詫《わ》び、嗚咽《おえつ》の涙に咽《むせ》び、玉子を偲《しの》んだのであろうか。

このお方の胸の奥にある真実の声を聞きたいという熱い思いが私を衝き動かし、大阪市玉造越中町にある「越中井戸《えっちゅういど》」に来ている。「井戸ノ辻」と愛称され、この都会の中心に、整然と刈り整えられた木々に囲まれ、こんもりした佇《たたず》まいの一隅がある。この井戸は、ガラシャ夫人が最後を遂げた屋敷の台所にあったと伝えられており、昭和九年、当時の地元の越中町内会の人達が、ここに顕彰碑を建て、これが大阪市第一号の歴史遊歩道の中心となったのを機会に「細川ガラシャ夫人」頌徳会が発足した。顕彰碑に刻まれた徳富蘇峯筆の表題文字や側面の由来説明を読んで、在りし日のガラシャ夫人を偲ぶことが出来る。私は大阪マリア大聖堂のS神父を訪ね、ガラシャ夫人に関する資料をお尋ねするとご親切にも「越中井物語」という頌徳会の冊子を頂き、今も大切に持っている。昭和五十三年発行の非売品である。それ以来、カトリック信者である私は、日曜日のミサに和歌山からよく足しげく、マリア大聖堂へ行っていた。そのお方を偲びたい一心であった。当時、日曜日のミサに授かるのを心待ちにしていた。

そして、私の心の奥から、今私が生きていてよかったと思える希望にも満たされた充足感があった。日々、自分自身の心の内面にある何かが変わっていくのを強く感じる様になる時期でもあったことを鮮明に記憶している。世の中に生きていくこととは。自分が世の中に生かされていることとは。思うと、心の奥からありがたさに、涙がとめどなく流れてくるのを憶えている。

昭和五十五年一月十六日の日記を追想すると「希望という光を求めながら、この私に生活の目標が生まれてきたように思われます。ガラシャ夫人の歩まれた生涯を私が、その遺徳をお慕いしていく心の旅であり、私は希望の光という喜びの中で私が感じていたものは何なのだろうか。

細川忠興夫人殉節の地（大阪市中央区森の宮中央 2-12）

私を教え導いてくださった事は。私がこれから光を灯していける人生の何かを語りかけてくださるように思えます。」と綴っている。

頌徳会《しょうとくかい》は慶長五年（西暦一六〇〇年）旧七月十七日、細川忠興の大阪玉造邸内越中井に於いて殉節されたガラシャ夫人の遺徳を頌《たた》えて広く高揚し後世に伝承するを以て目的とする。

ガラシャ夫人は越中町の貴重な遺産でもあり、「歴史は後世に伝承すべき先人の遺産であり、いま生きつつある人もまた、未完の歴史の一員である」として、その遺産を守りそして後世に伝えようと頌徳会の世話人一同の方々並びに町会の方々の夫人への遺徳を慕う熱い思いと奉仕によって、戦前戦後を通じ、強烈な愛郷心と独立心の越中町民に支えられ、越中井再興発起より実に五十余年に及ぶ歳月であったことが記されている。越中井復興計画も頓挫することなく「歴史の散歩道」として、昭和五十年五月開通をした。翌年五十六年の夏の越中井に於いての頌徳慰霊祭に初めて参加させて頂きました。その時の式次第としおりも大切に持っている。社団法人日本詩吟学院岳風会の皆様方の詩吟の朗詠によって、夫人の遺徳に花を供えられました。その時の歌は、幽閉の地にあって、玉子が夫、忠興を恋うる歌として、

「忘れむと思ひすててもまどろめば、強いて見えぬる夢のおもかげ」と詠み、一方、これと並行して窮地のひたむきな心情として、「おもひおく与謝《よさ》の浜辺に君しなくば死出《しで》の山路《やまじ》は安《やす》からましを」と詠まれている。

この中に女性心理のあやなす微妙さをこの歌から垣間見る思いがすると評されている。

そして、天正十五年の春、秀吉は大軍を率いて九州に向かった。その時夫忠興も従った。秀吉の目的は、薩摩軍に対して、大友氏を援助する形をとったが、実際は九州地方一円の支配下であった。

九州では大友義統《よしのり》と島津義久とは数年の遺恨で相争い止む時がなかっ

た。大友氏は先に、秀吉に従い、援助を求めたので島津家を征伐すべしとのことであったが、義久は以前より和歌を好み、細川幽斎とも以前から文通があったので、今度も幽斎は秀吉の命により和儀のことを取り扱ったようである。その時の幽斎から義久に出した三ヶ条からなる書面が残されている。

一、九州之儀に今互に御遺恨相止まず所々御争論の趣は聞き候し、然らば先ず万事を抛《な》げられ、綸命《りんめい》に応ぜられ、和融の姿然るべく候。(一部を抜粋)

五月には島津家も降伏し、博多の箱崎宮の社内に本陣をすえ、博多港に近い千代の松原で茶の湯、歌の会等が度々あった。その時のしるしの松によせて詠んだ細川幽斎の歌。

「剣をば箱に納めよはこ崎の松の千とせも　君が代の時」

これを短冊に記して奉納した。この時の「九州道の記」が細川家に残されている。

秀吉は自らの手で征服し、九州諸国を思いのままに分割し、島津氏は薩摩大隅及び日向の一部、大友氏は父租の本領豊後《ぶんご》一国、大村、有馬天草のキリシタン諸大名は彼らの小国を領有。伊藤氏は日向の一部を返還。残りを自分の寵臣《ちょうしん》に与えた。キリシタン黒田孝高《よしたか》(官兵衛)は豊前《ぶぜん》の良好な部分。キリシタンに改宗した毛利秀包《ひでかね》は築後久留米の領地。水軍の将、キリシタン小西行長は九州の西北部の沿岸諸国の総帥となった。こうして九州のほぼ半分は、キリシタン諸侯の手に帰し、人々の思いでは全国の改宗が期待されていた。しかし秀吉はその後、一夜にしてキリシタンの迫害者となる。

ガラシャ夫人の歩まれた苦難の道を偲び、主の御受難の十字架の道に心をあわせて、お方の背負われた、いばらの道を想う。

大聖堂近くの越中井戸の側にある裏門からこっそりと、一度だけ玉子は侍女の姿に身をかくし屋敷を抜け出て、教会を訪れている道のりを今、私もその思いを感じることが出来ればと思い、歩んでいる。現在の喧騒とした都会の中で生きている私達には何か大切なものを見出そうとしてもかき消されてしまう時代なのかも知れぬ。官公庁の建ち並ぶビル街から、このお方の命をかけた切迫した時を感じることが出来るのであろうか。目の前には威容を誇る大阪城の天守閣がそびえる。回りには濠《ほり》が外敵を寄せつけぬ力を誇って感じられるように、めぐらされている。この濠を見られた玉子のお気持ちを想うと激しく移り変わる天下の様相を肌でお感じになったのではないかと思われる。父、光秀への無念の思いと、細川家の嫁としての立場の変化にも、心の闇が玉子の心を覆ってくる。闇の力から逃れようと思っても、容赦なく襲ってくる。懊悩《おうのう》の火を消すことは出来ぬ。内心の平和を求めても、なかなか得ることが出来ぬ日々が続く。

フロイス「日本史」の中、第六十二章「越中殿の奥方なるガラシャの改宗について」の段に「(越中殿の奥方は)いとも品位があり、才幹に恵まれた同国の(領主)夫人であったが、後に彼女(自ら)言っていたように、(当時、彼女が修行によって)会得したことは、(彼女をして)精神をまったく落ち着かせたり、良心の呵責を消却せしめるほど強くも厳しくもなかった。それどころか彼女に生じた躊躇《ちゅうちょ》や疑問は後を断たなかったので、彼女の霊魂は深い疑惑と暗闇に陥っていた。(彼女は)それらの疑問を答えるためには仏僧たちの教えが十分でないことを感じてはいたものの、より豊かな光と、より堅固な教えを示してくれる者とてはおらず、仏僧たちによる救済に頼らざるを得なかった。」というくだりがある。当時、舅《しゅうと》の細川幽斎公や姑《しゅうとめ》とともに丹後の国にいて、禅宗に励むこと、宗派の学識ある僧侶の話を毎日のように信心の務めとして聞いていたようであるが、しかしお方の心の安らぎと探究心の強い性格からは、真理を究めることは出来ない様子が窺《うかが》われる。

そして、「その後、関白殿が諸国の君主や領主を人質のように手もとに留め置こうとして、（彼らに）妻子（ら）家族を伴って大阪の政庁に居住せよと命じたことが伝えられるに及び、彼女の夫越中殿も、身分相応の立派な邸宅を大坂に構え、諸室の設備を整えた彼、その地に妻を伴った。当初（彼ら）は似合いの夫妻であり、すでに両人には二、三人の子供がいたが、この若い（越中殿）の妻に対する過度の嫉妬と、ふつう一般日本人の（そのことにおける）習慣とは大いに異なっていて、（越中殿が）彼女に対して行なった極端な幽閉と監禁は信じられぬほど（厳しいもの）であった。彼はその厳しさをいっそう強化しようとして、身分の高い二人の家臣にそれぞれ一千クルザード近い収入を与え、昼夜不断に自宅で（妻の）監視を義務づけた。〈中略〉また、ごく親しい親戚か身内の者でない限り、彼女に対してはいかなる伝言をも許さぬように、そして（彼女に）伝えられることはまず彼ら（両人）の検閲と調査を受けるようにと命ぜられた。彼らはそのとおりに振る舞い、そのため（越中殿）が出陣するにあたっては、（彼らは）側近者としての特権を与えられる（名誉をもって）遇わせられた。（越中殿）は家族に対して、上記（の命令）以外にも厳しい命令や掟を課しており、そうした支配において厳しい男として天下に知られていた。」とある。

史料にみる限り玉子は夫忠興によって監禁されている状態であったし、侍女達の行動も制約されたと報告されている。玉子が丹後の地、味土野から大坂、細川屋敷に戻った時は秀吉は本拠大坂城の築城を開始していた。柴田勝家を、賤ヶ岳に破り覇権を掌握した秀吉は当初、大坂寺内町《じないちょう》跡に大坂城を築き、そこに中世末に一定の都市状況にあった四天王寺周辺をつなぎ、さらに堺まで至る都市計画をもっていたと思われる。イエズス会宣教師の日本報告でも、「新たに建設する町が大坂より三里離れた堺に続くよう拡張すること望んでいる。中略、家屋はすでに約二里離れた天王寺にまで達しているという」とあるし、諸大名屋敷の建設、城下の急速な建設が進んでいた。玉子を表面上は離別を装いながら、ひそかに味土野に匿っていた細川家の対処してきた微妙な立場から、一変して秀吉の許しを得る事になるこの辺の事情は、「その後、細川藤孝、忠興父子、お目通りを願い、丹後一国は信長公より賜わったものであるが、この際改めて、築前守どのより安堵状を戴きたいとの意をほのめかしていた」ようである。この事は秀吉が信長に代って細川一家の主君となり、安堵状については誓詞《せいし》を差し入れる事である。以下の誓詞は

「起請文前書の事、

一、このたび天下の大変に際して、長岡一家につき、御懇《おねんごろ》のお取計《とりはか》らいを蒙《こうむ》り候条、生々代々《せいせい》忘却仕《つかまつ》らず御当家に対して永く忠誠を尽くすべく候事。

若しこれに違背《いはい》いたすに於いては梵天帝釈《ぼんてんていしゃく》四天王総して日本国中大小の

神祇《しんぎ》八幡《はちまん》大菩薩天満大自在天神殊に愛宕白山の氏神御罰深重罷《しんちょうまか》り蒙るへきもの也

仍《よ》って起請文件の如し

天正十年七月十一日

長岡兵部大輔藤孝

長岡与一部　忠興

羽柴築前守殿

と誓詞をとりかわし、所領の安堵も得たものと思われる。後日、秀吉からの安堵状書状を送られている。「丹波国御朱印の旨に任せ一円御知行あるへき処、明智申し掠《かす》め丹波手寄りに二ヶ所の城をいたし所々知行致し候といえども今度公儀に対し比類なき御覚悟と存じ候条新知として一式に御知行あるへく候」以下略。

長岡与一郎様と書状が残されている。これで始めて細川家の安泰が保障されたものと思う。この時の様子は、ヨハネス・ラウレス著、「細川ガラシャ夫人」に、「玉子がこの知らせを受けて、どんなに喜んだかは、推察にあまりあることである。二年の間、玉子は誠実な夫に別れ、最愛の子供たちからも遠く離れて、言うに言われぬ苦しみに悩まされながら、この人里離れた山村に暮してきたのであった。その三年の間、彼女はやがては幸福な日がくるという希望もなく、将来に対する不安の念に苦しめられながら、自分の悲劇的な生涯の意味をいたずらに究めようとしていたのであった。今、玉子は夫のもとへ、子供たちのそばへ、そして昔の幸福な生活の中へ呼びもどされることになったのである。夫忠興が権力においても名望においてもはるかに信長を凌ぐ新しい支配者秀吉の最大の寵愛を享けている以上、もはやいかなる敵も玉子に手を加えることはできなかった。」と述べられている。そして、秀吉は玉子を再び呼びもどすことを忠興に許したが、大阪へつれて来ることを条件とした。本来であれば、丹後の国主夫人であるという立場であり、その後も、その立場を続けているが、大阪屋敷は、秀吉の時代、大名は大坂、京都に屋敷をもたなければいけなかった。大名達が、それによって資財を尽し、秀吉にとって危険な存在とならず、その上、居住地の壮観を増すねらいもあった。そこに妻や子供、重臣の子供などを住まわせる。それが秀吉からの命令であった。それが、玉子にとっても来たるべく運命の場となるとは知り得たでありましょうか。

夫婦の生活、復帰を許される幸いを得たものの果して、これが玉子にとっての喜びであったろうかと云うと、胸中は大坂に来て、又、余儀無くされる状況ではなかったかと思われる。父上を倒した今は「天下人」となりつつある秀吉の城下のもとに、屋敷内にあって、辛辣《しんらつ》なことではないだろうか。今、私はこうして大手前のビルの建ち並ぶ、城の広大な濠に佇み、在りし日のこのお方の辛苦を偲ぶ。権力を我がもとし、ゆるぎなくなった天下人に逆らえぬ細川家の嫁としての立場、父光秀の逆賊の娘としての立場、今は二児の子をもつ母の立場、明智家の血を引く者としてただ一人残された生命《いのち》。このお方に神のまなざしがそそがれる。あの味土野の自然の中に息づく生命へのまなざしと今、このお方にそそがれるまなざしを玉子はどの様に感じられたのでしょうか。息苦しいまでの束縛からの解放でしょうか。天正七年長女お長を出産、天正六年八月婚礼の式を挙げ、翌年に最初の子供を授かっている。同八年に長男、忠隆を出産。この頃までの忠興、玉子夫妻には、人目もうらやむ華やかな戦国武将の夫妻である。信長の媒酌により二人は結ばれた。

前途有望な武将と聡明さと生々とした利発さをもつお方であり、互いに深く愛しあい、幸せな日々が続いていた。いかに夫婦が愛し合っていても、戦国の現実の前には音も無く、崩れる。信と不信、裏切り、磨かれた知性のもち主のお方ゆえ、人生の不思議に眼を見開かれ、不条理な世に心を痛まれる。彼女の「救い」への探究心はなお募《つの》っていかれたと思う。つかの間の幸いであったのであろうか。英雄色を好むの喩《たと》えがあるように、秀吉は、無類の好色漢である。一目見そめて、女房にお進謁《めみえ》を命ぜられれば最後、たてつくことは、許されぬ。権力や富を持つ者、わが国においても、秀吉の独裁的権力者に弄ばれた子女は幾何あるかを知らないと言われている。

秀吉は五人の正当な妻妾の他に、いわゆる御手附女臈《おてつきじょろう》とも言うべき侍女が幾人あったかわからないと記述されている。諸侯伯の夫人に拝見を許して、それぞれ城内に召されたのである。伏見城の落成式の折にも、玉子夫人にも参上されるようにとの沙汰があった時、夫人の名代として清原小侍従が代わりに出た。小侍従は夫人とそのおもざしがよく似ていると言われている。関白秀吉は大いに喜び、綾の小袖を賞賜されたといわれ、難を逃れたようである。こうした事情から、秀吉の為に家庭が壊され、苦しめられ、又多くの人が殺されたかもわからない。

狡猾さと凄味《すごみ》をもち、今や関白大政大臣として絶対的な権力者として抗し得ぬ者となり、全国の大名達を臣従させ、鶴の一声で権勢を振うまでになりつつある時であった。

続いて「日本史」六十二章の文中「奥方は父（明智光秀）の遺産として、かの（丹後の）国（で所領）を得たが、彼女は時々、夫の口から、彼の大の親友である（高山）右近殿が彼に話して（聞かせた）デウスの教えに関することとか説教のことを耳にした。（そして彼女の）夫は、我らの（キリシタンの）教えを改めて聴聞し、すでにキリシタンになりたいとの気持ちを抱いていた。彼女はそれらの話を夫から聞かされた時に、それをもっと深く知りたいとの異常な望みに駆られたが、たとえ（彼女が）我らの教会へ説教を聞きに行く許可を願ったとしても、または（誰か）一人の修道士が自分の家へ説教に来（るようにし）てもらいたいと頼んだところで、いずれもとうてい許してもらえるはずはないと思われたので（彼女は）そ知らぬふりをしていた」。）とある。史料から、異常な興味をもって、デウスの神様を知ろうと思うようになったとある。この頃から玉子は悲しみに心を閉ざされた憂うつな人であった。激しい気性ももっていたと云われている。その時キリスト教にふれた。夫忠興と利休の茶の道を通じ、親しかったキリシタン大名、高山右近の影響によるものではなかったか。玉子自身、細川家菩提寺である大徳寺へ禅宗に参学しようとしたが、忠興が玉子の閉ざされた心を気づかい、同じ教えを受けるのであれば、建仁寺の長老の教えを受けることを勧め、心の癒しを望んでみたが、今の玉子には、以前から教え導かれた宗派では心から安らぐことはなかったのであろう。忠興から時折、高山右近の言葉を伺う。デウスの神様のお教え、「闇を行かず、光への道」、キリスト教の教えに真摯に心を傾聴していったのであろう。この方の語っている言葉こそ、玉子には魂に響く真実の言葉であった。奥深い雪山での苦悩と孤独の内、求めても求めても、憂愁に閉ざされ、謀叛とは、裏切りとは、愛とは、尽きせぬ苦悶の内に一筋の光が、闇の現《うつつ》にさし出ずるものを感じとられたのでしょうか。右近が「人となりてこの世に降りたもうた御子イエズス、キリストの御法悦」を、忠興に説き、伝え聞く玉子は心に深く、噛み締めておられた。

「運命を天にかけて名を残す。」右近の生き方である。キリシタン武将「高山右近」顕彰祭が毎年二月に行なわれ、私は玉造マリア大聖堂で行なわれる顕彰祭に参加していた事が想い出される。カトリック「ローマ教皇庁列聖省」において、列福運動、列福を祈る会は右近が福者として神の祭壇に祝聖される日を願って「列福の祈り」が献げられている。その頃、私も「列福を祈る会」の会員として参加していた時、昭和五十六年九月の毎日新聞西部本社（北九州市小倉）の新聞記事を知人の会員の方から頂き、今も保管している。右近が改宗の勧めにも応ずることなく、ルソン（現在のフィリピン）のマニラに国外追放される直前、親しかった細川忠興にあてた日本決別の書簡が細川家の財団法人「永青文庫」の収蔵品の中から見つかったという記事である。「運命、天主にかけ」永青文庫から直筆発見というタイトルである。

始まりの文筆は「近日出舟（でふね）仕（つかまつり）候仍（よって）此呈一軸進上致（いたし）候〈中略〉是（これ）八南海ニ趣（おもむき）命（を）天（に）懸（かけ）名ヲ流（す）。如何六十年之苦（しみ）忽（たちまちに）別（れ）申候此（の）中（じゅう）之御礼ハ中々不申上候々々

恐惶敬白

九月十日　南坊等伯（花押）

羽越中様参（る）人々御中

小松茂実文学博士による〝決別書簡〟の現代語訳「近く船出することに

なりました。それで、一軸（掛け軸）を（忠興殿に）進呈いたします。誰に差し上げようかと思っていました。志（こころざし）です。（南北朝期、大阪、河内の戦いで敗北した楠正行の辞世の歌をとりあげ）正行は戦場で死んで名を天下に挙げ、私は南海に趣き、運命を天主にかけて（日本から）名を（あぶくのように）流します。六十年の苦しみも、たちまちのこと、いまお別れ申します。このたびの御礼は何と申しあげてよいかわかりません。」

日付は慶長十九年（一六一四）九月十日。

長崎からルソンへの帰らざる船出をした十月七日の一ヶ月前の書簡である。追放される右近の心のありようが綴られている発見であると。

そしてともに利休の弟子で交情があり、右近が明石（兵庫）藩主で、忠興が丹後宮津藩主だった時、右近が牛肉をごちそうし、その後、忠興が味を忘れられず、無心をしたほど親しかったことが記録にある。年令は右近が十一歳上であり、いつも右近の前ではういういしく素朴な弟のような親しみを見せる忠興である。正室玉子の人生への問いかけが激しくなった時、いつも切羽詰まった思いで、右近にその道を尋ね、相談に来ていた忠興の姿を想う。「天正十三年に右近は明石六万石に移封され、船上城《ふなげじょう》を築いて居城としている。右近自身は最初、大阪築城のため、後は九州征伐に出陣の為、明石に居る事は少なかったらしいと云われているが、右近が従えて来たキリシタン家臣のほか明石領において、その僅か二年の間、数千人のキリシタンができた」と云われている。（H・チースリク師著／高山右近史話より）

キリシタン信従に対する迫害の嵐が襲ってくる。右近が恐れ、危惧していた事態が起こってくる。この頃の事情をフロイス「日本史」の中では十六章、関白（秀吉）殿が、司祭、教会、ならびにキリシタン宗門に対して迫害を始めた次第。『サンティアゴの祝日（天正十五年六月二十日）の三日前に、（高山）ジュスト右近殿は（イエズス会日本）副管区長（ガスパル・コエリュ）およびその同僚（司祭）たちを訪ねてフスタ船に赴いた。彼は我ら（イエズス会員）の仕事が、我らの主なるデウスの教えをより良く、より安全に弘め、キリシタンの宗門を大いに進展させるために必要であることを心得ていたので、それが関白の許で好都合に捗《はかど》っているのを知って非常に喜んだ。彼はその生活や習慣によって、都地方のキリシタンにとってはつねに支柱であり亀鑑であったし、その潑剌《はつらつ》たる才能をもって、デウスのことを良く理解し、かつそれを愛好した。またいっぽう、彼は関白の悪辣な性格を熟知していたので、フスタ船上における副管区長、その他（の司祭たち）との同席を少々長引かせた後、我らに向かい、「デウスの事業はつねに悪魔から妨害されるものなのである。私には間もなく悪魔による大いなる妨害と反撃が始まるように思えてならぬゆえ、司祭たちもまた我々にしても、そうした事態に対して十分な備えが必要である」と語った。そこで副管区長が彼に向かって、悪魔が我ら（イエズス会員）やキリシタンの宗団に対して挑戦しようとしていることについてなんらか特別に手がかりとなるようなことを知っているのかと質問すると、彼は、いや別に特別な情報に接しているわけではないが、（キリシタンの）布教が、かくも順調に捗っていることに対して、悪魔が大きい妨害を加えずに済ませるはずがないと確信している、と答えた。はたしてそれは、次の夜、現実となったのである。』（彼とは高山右近殿のこと）』

高山右近は当時の一流の戦国武将であり、とぎすまされた感性と、武士道を超える、深い信仰生活による洞察力から、表には心の内を見せぬ日本人の性質を、特に関白秀吉の性格を以前から熟知し、調略、裏切りの戦国の世の慣わしに心を痛め、この戦国の世に身を置く武将ではあるが、自らは決して人を裏切らない生き方を貫いた。この時代には、稀有《けう》なことであったと思う。彼の生き方は、洗礼名ユストに相応しい「正義」に生きた人とも言われている。常に十字架上のイエズスに祈り、理性と良心の銘ずる真理にもとづき行動をした。眼前の利得のみを追いかけ、離合集散する戦国武士に対して、自らの利害を越えて、永遠の勝利を目指して生きるキリシタンでありたいというのが彼の願いであり、彼の貫いた生き方であったと言われている。

彼は主君に対して、己の生命をかけ、最愛の子息まで人質として（戦国の世の常ではあるが）臣下の道を尽した。社会的な不正を通そうとすることには堪えられず、社会正義のため、偽らざる真の人間として、正義と真理の擁護のために進み、いさぎよく生命を棄てることこそ、真の武士としての道。キリシタン武将としての武士道であると。そして同年六月十九日、日本の教会にとって最大の打撃がおこった。九州を制圧した秀吉は博多でバテレン追放令を出す。このバテレン追放令は有名な法令であるが、原本は残っておらず、二種類があり、神宮文庫、六月十八日付のものと、平戸松浦資料博物館、六月十九日付のものがある。

しかし、この文書には秀吉の朱印がなく、案文（控え）だと考えられている。「定」で始まる五ヶ条の法令で宛名がなく、それぞれ特定の者に渡されたものであると理解されている。

まず現代語訳の解釈は、

定

一、日本は神国であるのに、キリシタン国から邪法を授けることは、決してあってはならないことである。

一、自分が住む国郡の者を近づけ、キリシタンの信者とし、神社仏閣を破壊しているということを聞いた。それは前代未聞のとんでもないことである。国郡在所知行等を給人に下されているのは、当座のことである。天下から御法度を守り、すべてのことについて許可を得るべきなのに、下々の分際で勝手なことをするのは道理に合わないことだ。

（民衆をキリシタンの信者としているのは、バテレンであり、誰が打ち破っているのかと言えば、事実としてはキリシタンに感化された領主ですが、この文章はそれを意識して書いたものでなく秀吉は神社仏閣が破壊されていることを聞いただけであってバテレンが打ち破っているか、キリシタン領主が打ち破っているかは判断できないことであり、どちらも同様に「前代未聞」のことであるとしている。）

一、バテレンがその教義をもって人々の考えを教化することによって信者を獲得していると思っていたのに、それに反して実際は右（第二条）のように日本の仏法を破壊しているとはとんでもないことで、これではバテレンを日本の地に置いておくことはならないので、今日から二十日の間に準備し、帰国せよ。その期間に下々の者でバテレンに謂《いわ》れのないことを申し懸ける者がいれば、処罰する。

（つまり、秀吉はバテレンたちが教えによって信者を増やしている、つまりキリシタンの信仰は個々人の「心ざし」の問題だと思っていたのですが、神社仏閣を破壊するという暴力的な行為を行なっていることを知り、バテレンを日本に置いておけないと考えた。なぜなら、秀吉の頭の中では、日本全国のすべての領地は秀吉のもので、知行は今の領主に一時期に預けているにすぎず、その領主は替わることもあるわけです。それなのに、その当座の領主が、神社仏閣を破壊したのでは、次の領主が迷惑します。バテレンが布教によって人々を信者にすることは許しているのですが、領主が領国をキリシタン王国化することは許せないことだったのです。）

一、黒船は商売のために来航しているのだから、別であって、これからも長年諸事売買をするように。

（秀吉はバテレンの追放は命じましたが、貿易はこれまで通り続けるよう指示したので、布教のやり方を問題とした。）

一、これ以後、仏法の妨げをしない者は、商人は言うにおよばず、誰であってもキリシタン国から往来することはかまわないので、そう考えよ。

（この条項によって、この朱印状を渡すべき相手がキリシタン国の者であり、秀吉は、この時点でキリスト教を禁じたわけでなく、南蛮船との貿易は振興するつもりであったことがわかる。その為、この法令はこれまでバテレン追放令と呼ばれる）

以上が文書の内容であるが、おそらく松浦氏は豊臣政権から、朱印のない六月十九日付の案文を渡されていたと考えられているが、秀吉の朱印状の作成意図や伝達方法はわからないことがほとんどであるそうである。しかし、バテレン追放令についてはバテレンに渡された為、イエズス会の資料に詳しく書き留められており、ルイスフロイス神父による天正十六年二月二十日付で書いたイエズス会総長宛て書簡（十六・十七世紀イエズス会日本報告集、第Ⅲ期第七巻）に詳しく書かれている。島原半島の有馬からの発信で日本報告という位置づけである。

バテレン追放令が出される前日、日本暦天正十五年六月十八日に起こったことが追放令発布の事情を示している。

「夕食が終って関白殿が司祭たちについて話し始めたので、その異教徒は好機が到来したと思って巧みに話したので、関白殿は怒り始め、司祭たちやデウスの掟に対する激怒にかられ、これを利用して異教徒たちが火をあおり、薪をくべ、キリシタンの殿たちが司祭に服従するさまは驚くほどであり、他方、仏僧や神仏に対しては悪をなし、彼らが行くところ、すべてを破壊して良い物は自分の物としてしまい、すべての者を強制ないし自由意志でキリシタンにしてしまうと言った。ジュスト右近殿も同じことをし、最初高槻にいた時は、家臣を全員キリシタンにしたほか、その地の殿下が与えたすべての神仏の神社を破壊した。明石でも同じことをしており、また先日徳運が行った大村や有馬の地でも同様なことが行なわれた。これにより日本にいる司祭たちは大きな力を持ちつつある。このような一問一答の間に、ついに関白殿の怒りは激怒や憤怒に変わり、いつも激情にかられた時のように爆発した。」この文書の中で「その異教徒」というのは秀吉の側近の一人、比叡山の元仏僧で施薬院全宗という人物である。秀吉にキリシタンになった大名たちが領地の神社仏閣を破壊していることを告げたのです。フロイスは秀吉の変化をずっと以前から計画していたことなのか、あるいはその夜、側近達の話を聞いたことによる急激な怒りなのかを自らに問い、この秀吉の急変した態度、一夜にして、バテレン追放へと動く事情を書き送っている。事態をより明らかに理解するためには、まず関白（秀吉）の素性および性格を知っておくと役立つと、自らの著「日本史」十六章の中で綴っている。『彼は、抜け目なき策略家であり、彼は自らの権力、領地、財産が順調に増して行くにつれ、（それとは）比べものにならぬほど多くの悪癖と意地悪さを加えて行った。家臣のみならず外部の者に対しても極度に傲慢《ごうまん》で、嫌われ者でもあり、彼に対して憎悪の念を抱かぬ者とてはいないほどであった。彼はいかなる助言も道理も受け付けようとはせず、万事を自らの考えで決定し、誰一人、あえて彼の意に逆らうがごときことを一言として述べる者はいなかった。彼はこの上もなく恩知らずであり、自分に対する人々のあらゆる奉仕に目をつぶり、このようなことでの最大の功績者を追放したり、不名誉に扱い、恥辱をもって報いるのが常であった。彼は尋常ならぬ野心家であり、それ（野望）が諸悪の根源となって、彼をして、残酷で嫉妬深く、不誠実な人物、（また）欺瞞者《ぎまんしゃ》、虚言者、横着者たらしめたのである。彼は日々数々の不義、横暴をほしいままにし、万人を驚愕せしめた。彼は本心を明かさず、偽ることが巧みで、悪知恵に長《た》け（人を）欺くことに長じているのを自慢としていた。齢《よわい》すでに五十を過ぎていながら、肉欲を不品行においてきわめて放縦に振舞い、野望と肉欲が彼から正常な判断力を奪い取ったかに思われた。この極悪な欲情は彼においては止まるところを知らず、その全身を支配していた彼は政庁内に大身たちの若い娘たちを三百名（も）留めているのみならず、彼がすべての諸国を訪れる際、主な目的は見目麗しい乙女を探し出すことであった。〈中略〉またその親たちが（流す）多くの涙を完全に無視した上で、収奪した。自分の行為がいかに賤しく不正で卑劣であるかに全然気付かぬばかりか、これを自慢し、その残忍きわまる悪癖が満悦し命令するままに振舞って（自ら）楽しんでいた。こうした彼の誰の目にも明白な事柄、また、たとえ耳にしても誰も信じられまいから書くに価しないような他の事柄を知るならば、悪魔がキリシタン宗団と教会に対する毒々しい攻撃を企てるにあたって、いかにこの人物（関白）がふさわしい道具であると見なしたかが、容易に推察できるのである』と。なお、チースリク神父著、「高山右近史話」に綴られている第十六の中で、

「秀吉公御治世に成て、耶蘇宗門御制禁に付、右近彼宗門なることを聞召可改申旨上有りと云えども承引せず、武功の侍故、秀吉公借しみ給ひ、右近が茶の湯の師千利休を召して、汝行きて異見を加へ宗門を改めさせ申可旨也、利休畏みて右近に爾々の趣を述る所に、右近曰く、彼宗門、師君の命より重き事を我未知、然共侍の所存は一度天に志して不変易を以て丈夫とす、師君の命といふとも今軽々敷改之事武士の非本意と云、利休も是を感して再び異見に不及、右の趣を言上す、秀吉公も無拠右近が罪を算せられ譴責有之領地被召上、流浪す。（混見摘写）

金沢藩に伝わり、現在、金沢市近世資料館に残る「混見摘写《こんけんてきしゃ》」という書

物に残されている資料である。「一五八七年七月。九州征伐は終った。秀吉は帰路の途中、数日の間、箱崎の八幡宮に逗留し、勝利を祝う一方、西国の新しい政治国をまとめた。（中略）秀吉のキリシタン禁令の動機、その間接なり直接なりの原因について、すでにあの当時さまざまな説が流布されていたが、現代でもまだ論議されている。それは以前から計画されていたものであったか、それとも秀吉の突然の衝動によるものであったかについても、ここで述べるつもりはない。おそらく最も深い原因は独裁者の心理に見るべきであろう。世界史上に見られる多くの独裁者の例に洩れず、秀吉も、そして後の徳川氏も、己れを最高にして絶対的なものと考え、自分以外には、人間のそれはもちろん、神の権利をも認めようとしない。したがって、人間の上にある絶対者なる神を教える宗教とは遅かれ早かれ衝突することはとうてい避けられない。秀吉の心底にも、キリシタンに対するこのような嫌疑が、常にひそんでいた。そして時限爆弾かのように潜在意識に常に働いていたこの嫌疑がいよいよ爆発すると、最初の犠牲者になったのはほかでもなく、キリシタンの大檀那、高山右近であった。それとも山崎合戦以来、秀吉の特別な恩顧を受けたこの忠臣を爆発の直前に救おうとして、キリシタンの「邪教」を止めさせるつもりでもあったのだろうか? いずれにせよ、キリシタン禁令発布の直前、七月二十四日の夜、秀吉の使いが高山右近の所に見えた。『混見摘写《こんけんてきしゃ》』にあるように、千利休が秀吉の命令を伝えたのはその時であったか、それとも二度目の機会であったか、わからない。三ヶ月ばかり後で、もと明石の主任司祭であったプレネスティノ神父の報告がある。

「関白は神父たちおよびキリシタンと断絶しようと決心した後、右近殿へ通告を発したが、その要旨は次のとおりである。キリシタン教えは悪魔のものであって、日本国内、ことに重立った兵士や一流の領主の間にひろまった。その理由の一つは、右近がこのような人々に及ぼした感化であるということを知っている。そしてキリシタンの間では、兄弟間も及ばぬほどの不思議な親密な一致団結があるから、彼らが天下を悩ますに至るであろうと心配している。また右近が以前は高槻の領民をキリシタンにしたが、今は明石のそれをもキリシタンとし、その寺社を破壊し、偶像を焼却したことをも知っている。これはすべて堪忍しがたく道理にもとることである。それで、もし右近が今後も自分に仕えようと欲するならば、キリシタンを棄てなければならない。右近殿は、あっぱれな武士、イエズス・キリストの勇敢な騎士であり、神に対する愛と畏敬の念に徹した人であったので、いささかも恐れずに、自分はいかなる方法によっても殿下に無礼なふるまいをしたことはない、そして、高槻および明石の領民をキリシタンにしたのは自分の手柄として誇っている。なお、キリシタンを棄てることに関しては、全世界に代えても棄教し己が霊魂の救いを棄てる意志はない。この故に、年貢米六万俵にも及ぶ明石の領地と知行を即刻返上する、と答えた。」

この返事はさすがの秀吉にとっても全く意外のものであったらしく、それでさっそくもう一度使者を遣わした。プレネスティノはこの二度目の命令について、次のように語っている。

「関白は右近殿のこの決心と簡潔な回答を聞いた時、事態を窮極に追いつめることを望まず、右近殿がなお断固として決心を変えぬかどうかを見ようとして、再び使いを派遣した。まさしく右近殿が譲歩して前言を取り消すことを望むかのように見受けられた。もし右近殿がキリシタンを棄てようとせずその意志を曲げないならば、領地・知行・身分を剥奪するが、このたび肥後の国を与えた陸奥守（佐々成政）の家臣になることは許す、もしこれを拒絶するならば、神父たちと一緒にシナへ行かなければならない、と言った。」

右近は動じなかった。かえって殉教の覚悟をもって、自ら秀吉の前に出て、自分の信仰について証言しようとした。（中略）その同じ夜、秀吉は、明石の知行地を取り上げ、彼を追放した。自らは無一文の貧乏人としての道を選び、二十五日の朝、博多の沖にある二、三軒のあわれな漁師小屋しかない小島（能古島か？　鵜来島か？）に身を潜めた。その後小西行長にかくまわれ、行長の所領であった小豆島に移った。追放！　〝キリストの証しのため！〟この日にこそ、右近は「聖人」として生まれた。戦国時代の武将であった右近は、確かに人間的な欠点もあり、武士としての野心もあったに違いないが、一五八七年七月二十四日、その日に、彼はキリストのために絶対的な証しを立てた。天下の大大名とはいえ、あえて秀吉の命令に反する者はなく、一人だけ、高山右近という者が真正面から秀吉の意志に応じようとしない。しかもそれは政治や軍事の問題ではなく、良心問題であった。秀吉はそれをこそ、敗北かのように感じざるを得なかった。一方、右近はその時はっきり知っていた、秀吉かキリストかを選ばねばならない時だ！と。

もし秀吉の命令に従うならば、将来名誉があり、財産が増し、自分は一国の大大名になるだろう、それも自分一人だけでなく、高山一族、子孫代々、家臣も出世するだろう。もしキリストに従うならば、一切を失ってしまう。名誉、財産、生命までも。そして、それは自分一人にとどまらず、彼の一族、子孫家臣にまでも及ぶだろう！

秀吉か、キリストか……？

「誰もかなわず、二人の主に兼ね仕うること」というキリストの言葉を右近はよくわきまえていた。そして一秒も躊躇《ちゅうちょ》せず、キリストを選んだ。秀吉の前でキリストのために証しを立てたその瞬間、高山右近の一生は、全くキリストのものとなった。最高の主君キリストに対し、最大の愛と忠誠を尽くしたのであった。そして、その時に高山右近は実に近代的な人間であった。独裁者に対して、個人の良心の自由を宣言する英雄であった。」と著書の中、キリストの証人の節に述べられている。

私は最近、家族や友人と伴に香川県小豆島へ一泊旅行をする機会を得た。「二十四の瞳」の舞台で有名な地、オリーブ園でも有名な地である島へ、友人達がこの旅行を数ヶ月前から計画をしてくれていて、私達家族も喜んで、参加させて貰った。ホテルの部屋から望まれる瀬戸内の海の景観はまさにロマン漂う、風光明媚な土地である。私は追放令を受けて博多から、又、博多の沖にある小島に身を潜め、そしてこの小豆島に身を隠し、地上の財貨や名誉を惜しまず、己の命まで犠牲にされる右近のお覚悟、妻子との一時の別離、数々の迫害を想っていたが、この陽々なる海の青さ、広い瀬戸内の景観に魅せられながら、神が右近に与えたもうた、この大自然の恵みに、ひとときの安らぎをお与えになられたのではと感ぜずにはいられなかった。一泊の旅行であったので、隠れキリシタンの地としての遺物を見る事は出来なかったが、ひっそりたたずむ、豊かな自然の恵みの中で歴史を刻んでいた。小西行長は日本にとどまられたオルガンチノ神父や日本人信者らを共に匿い、小豆島に隠れ家を用意した。そして右近の潜伏地はそこから数キロ奥の場所であると言う。地元の有力な方々が島の関係遺跡の調査や足跡を大切に守ってこられた。まず、土庄《とのしょう》教会へとフェリーを降り、車で向かった。十字架が屋根の上に見える教会である。高山右近のご像が建っている。この像は以前は大阪の玉造教会にあったものだが、二〇〇七年五月に当地に移設されたとのことである。右近のお姿は力強く、凛々しく、海の彼方を臨んでおられる。右近の表情から、世の権力に屈することなく、福音に忠実に従っ

高山右近御像（カトリック土庄教会内）

ていかれる道を選ばれた、証し人としての力強さを感じる。キリスト磔刑《たっけい》の十字架をもかたどる剣、その刃先が真下へと伸びている様《さま》も、そのご意志を表わしている武士としての生き方を内に秘められたお姿を感ぜずにはいられなかった。そして、右近らが潜伏した翌年の一五八八年（天正十六年）五月に秀吉より、行長は九州の肥後に転封《てんぽう》され、小豆島を失うことになるが肥後の「宇土」に新領主として二十四万石を与えられる。なお流浪の旅は続き、右近は再び九州肥後へと旅立つ。同年夏近く、秀吉の勘気もやわらいだ様子もあり、右近は大坂へ行くこととなる。（秀吉が右近に会いたいとの希望）秀吉の指示、又は大坂で前田利家と出合われたのであろうか。利家とは、千利休の同じ「茶の道」の門下であり、その子、利長も旧記録では、利休の門下でもあった。こうした間柄から、右近は前田家に預けられ家族と共に金沢へ移ることになる。父親飛騨守、母親マリア、妻ジュスタ、長男ジョアンも同行したのであろう。

ここでガラシャ夫人の洗礼について述べたいと思う。前年一五八七年(天正十五年)八月、秀吉、九州征伐の終えるころ、夫忠興の九州征伐同行の大坂玉造家敷の留守の間に洗礼の恵みを授ることになる。この恵みには、夫忠興から、切支丹の教えについて、右近から聞いた事を知らず識らずのうちに妻玉子に話すうちに、妻をキリシタンに導く人となったこと。そして玉子も切支丹の教えを学ぶことにより、なお一層熱心に洗礼を望むようになったが、忠興には、妻が教会へ行くことも、家を一歩たりとも外出することは厳命として許さなかった状況から、神が玉子に与えたもうた恵みを汲み取っても、汲み取れない程、大きな賜物に満たされ、聖女のような愛情で包まれていると云われている。

玉子は天主様とどの様に出合われたのであろうか。天からそそがれるまなざしをどのように受けとめられたのであろうか。

己の不遇を思うてのことか。どうにもならぬ己のかたくなさを思うてのことか。まだ見ぬ海の彼方の異国へのあこがれから探究心のなせるわざか。見えるこの世と見えざる世の真理の光を求め続けるいちずな思いからであろうか。天が落ち、地が崩れ、草木が枯れ果てても、デウス様を信じると言われた、いちずな信仰への思いとは。キリシタンになった侍女たちと、共にロザリオや祈りをいっしょに唱え、信仰の話をしてお互いに支え合い、信心書を読み、深い信仰のお心が住まわれていたと思います。ガラシャはイエス・キリストを一心に見つめられていた。このありのままの自分を背負って、心の奥深いところで、十字架上のキリスト像のお姿を設えられた奥の間のゆらめく灯火の許でじっと見つめられる。

キリストの弟子達に語っていたお姿をじっと心の中で見つめられていた。そのお方のまなざしを感じておられたのではないでしょうか。

「イエス様というお方に会いたい。イエス様に会って自分の思いを全て聞いてもらいたい。」と心からの叫びであったと思います。この方こそ真実なお方であり、この方こそ生命への道であると直截的に魂の叫びを憶えずにはいられなかった。「この方のお声を聞かせていただきたい」と。胸の奥からこみ上げてくる思いにどうすることも出来ぬ。激しい渇望に似た心がイエスを求める。

バアデレ殿に会いたい思いが日に日に増してくる。フロイスの「日本史」六十二章に奥方についての記述『(奥方)の洗礼を受けたいとの望みはいよいよ募り、(しかも)我らの教会に来ることができる方法が見つからなかったので、(彼女は)皮の籠の中に身を潜め、非常に高い(ところにある)邸から綱で塀越しに(外へ)吊り下げさせようと決心した。(そしてそのようにすれば)下で領民の百姓がその籠を背負って教会に(運んで)行き、そこで(自分は)洗礼を受けた後、ふたたび同じ仕方で邸に戻してもらえると考えた。(奥方)は学ぶことにはきわめて執着心が強く、そうした彼女の決心を思い留まらせることができる者は誰もいなかった。だが彼女の側近の女たちが八方手を尽して諫め（ることによって、ようやく）思い留まらせることができた。教会からも（彼女に対して）、いかなることがあろうとも、そのような無謀なことをすべきでない。なぜならそのことから幾多不都合な結果が生じ得るし、（まず）彼女自身にひいては家人全員に危険が差し迫ることは目に見えているからである。デウスは憐れみ深いお方であるから、そうした望みを思いのままにかなえることができる別の機会をかならずお与えになるに違いない。（御身は）すでに心の中ではキリシタンであって、こうした不可抗力（な障害）がなければ（とっくに）洗礼を受けておられるはずである。（それゆえ）万人の心の中を御照覧あそばされるデウスの御前では、（御身は）ほとんどもはやキリシタンと同様に評価されているに違いない、と伝えさせた。すべて（上記）の出来事は、我ら（イエズス会員）の追放の報せが五畿内に伝えられる前に生じたことである。その報せが（奥方）に届いてからは、（彼女は）涙に暮れる一方、言葉に尽せぬほど(信仰)熱にとりつかれた。彼女は(こう)言っていた。「もし暴君（関白）が大坂に帰り、キリシタンを迫害するとか、信仰のためにを殺そうとするようなことがあれば、それは（私にとって）またとない機会が与えられることになりましょう。すなわち私は他のキリシタンの婦人たちとともに、真先にその場に赴いて殉教するからです」と。そして(奥方は）頻繁に司祭たちのところに使者を遣り、彼らが無実で、こうした悪魔的な迫害（をうけること）に深い同情を示し、(下へ）出発するに先立って自分に洗礼を授けていただきたいと嘆願した。当時（奥方）が外出するのには大いなる危険が伴ったので、司祭たちは（協議して)、(奥方）の側近者で親族でもあるマリアに、聖なる洗礼の授け方と言葉ならびに（授洗者としての）役目に必要な条件や心構えを教えた上で、彼女の(手によって)自邸で（奥方に）洗礼を施すことにした。かくて(奥方）はよく準備を整え、(平素）彼女が身を隠している部屋の中の不断に祈りを捧げている(聖なる)

肖像の前で、跪き、両手を挙げ、(侍女の) マリアから聖なる洗礼を受けた。そして彼女にはガラシャの (教) 名が授けられた。』と文書にある。夫人はガラシャ (伽羅奢) という霊名を授けられ、日本の歴史上にも宣教師達の年報にもこの名で知られるようになる。gratia. 恩寵という意味である。そしてその後の心の大きな変化が起こっていったことが執筆されている。玉子は丹後の国主夫人であるという立場を続けているのであり、秀吉の時代の大名家は大坂 (玉造とか天満のあたり) にも屋敷を持ち、伏見にも屋敷を持って、領国も治めなければいけないという細川家の忙しい大名生活であったようであると言われている。

フロイス「日本史」の文書にその後の記述がある。『聖なる洗礼によって彼女は至高の満足と喜悦を覚え、熱心さにあふれ、信仰の証しのために生命を捧げたいとの大いなる決心に燃え、ただちに司祭たちに対して (このたびの) 授洗についての工夫や配慮について謝意を述べさせ (るとともに）、たとえ司祭たちが立ち去ることになっても、自分に関してはなんら疑念を持つことなきようにと伝えさせた。そして司祭たちが出発する少し前に、旅（費）の一助にと、若干の金子を彼らに贈った。

ガラシャは彼女の（領）国（丹後）に一つの立派な教会を建て、そこで（住民の）大改宗を企てる決心でいた。キリシタンになることに決めて後の彼女の変り方はきわめて顕著で、当初はたびたび欝病に悩まされ、時には一日中室内に閉じ籠って外出せず、自分の子供の顔さえ見ようとせぬことさえあったが、今では（顔に）喜びを湛え、家人に対しても快活さを示した。怒りやすかったのが忍耐強く、かつ人格者となり、気位が高かったのが謙遜で温順となって、彼女の側近者たちも、そのような異常な変貌に接して驚くほどであった。

大坂（の教会）の上長の司祭は彼女と夫との間にいくらか不和が存することを承知していたので、現在も生きているデウスの教えによれば正しいことにおいては夫に従い、救霊（について）知識が得られるよう夫君を導く努力をすべきである、と（彼女に）注意するところがあった。それに対して彼女は答えて言った。「尊師におかれては、（私の）過去のことについてどうか驚き遊ばれますな。と申しますのは、私にはデウスの光も、真実の救いとか来世についての知識とてはありませんでしたから、そのことから夫に従うについて難しい（こと）が生じていたのでございます。つまり私は、たとえ（あのようにして）父を失った身であるとは申しながら、そのために落胆したり恥じたりすべきではないことを夫に悟らせようとして（あのように振舞ったので）ございます。でも今は伴天連様がお命じになることがよく判りましたし、主（なるデウス様）の御恵みによって、御命令を身をもって実行するよう努力いたすつもりでございます」と。（ガラシャ）を助け、その身近のことを見ることに非常に尽している侍女頭で、（また）親戚にもあたるマリアは、（奥方）に洗礼を授けた後、教会に行き、大坂（の教会）の上長と話しながら（次のように述べた）。「私のあのような高（く尊い）役目をお与え下さいましたデウス様の御恵みはいとも大いなるものでございました。それは伴天連様方独自のお役目でありますのに、この賤しい私を道具に用いられ、奥方様が私の手から受洗されることを嘉《よみ》し給うたのでした。今では奥方様は、まるで霊魂の母であるかのように私に対して特別の尊敬を抱いておいで遊ばしますからには、私はこの上は今後、俗世のことに心をとらわれたくありません（彼女は）まだ若く、立派な天稟《てんびん》の資質を備えていた）。それゆえ今後は死に至るまで貞潔に生きることをデウス様にお約束いたします。そのために剃髪［それは日本では世を捨てた印しである］することをお許し下さいますよう、尊師にお願い申します」と。

こうして彼女は告白を終えた後、頭（髪）を剃り、信仰への強い関心と、この（たびの）迫害において仲間たちが強固であるよう手伝いたいとの強い願望を示した。』と記述されている。

私は始めて味土野の地を訪れ、帰途に着いた時、あたりは暗くなりつつあったが、越中町の玉造教会へどうしても行きたい思いが強くあったことを想い出す。私の心の中では「味土野」の地と、この大坂の「越中屋敷」の地が繋がっている。玉造の屋敷には春から初夏にかけての花々が咲いていたのであろう。夫忠興の九州遠征の時、玉子のお心には強い決心を秘められていたのであろう。大坂のグレゴリオ・セスペデス神父に宛てた書簡に『たとえ、天が地に落ち、草木が枯れはて候とも』、決して玉子の信仰は変わらないことの言葉を残されている。これは終生〝ご自身が家族のために、家族の者と供に神の御許に召されることを願い、全能のデウスにゆだねられた。

明智の娘であり、明智の家の誇りを失わず、細川家、忠興の正室として、夫や我子と共に、「生きる信仰」へと玉子の覚悟の信仰であったと思います。

しかしその道のりには幾多の苦汁と艱難辛苦が有りましたが、根気よく忍耐の徳を積まれる。この頃、京都におられたオルガンティノ師の一五八八年五月六日付の書簡には『過日、私はガラシャがその夫と別れる決意を固めていることで深い憂愁に閉ざされている彼女のすべての側近者を慰めました。と申しますのは（彼女の夫は）彼女の目の前で邸内にすでに五人の側女《そばめ》を囲っているのです。彼女にとってそれは大きい誘惑ですし、なおそのうえ、（夫は）彼女を苦しめ、ひどく虐待しております。悪魔もまた（彼女に対して）、夫からこれほどの大いなる妨害を受け、不安のうちに置かれては（霊魂の）救いを全うすることはおぼつかないと見せかけて、彼女に攻撃を加えています。この件については彼女は一通の便りを寄こしましたが、私には大いに苦悩（の種）です。ところで私が特に案じていますのは、彼女が司祭たちがいる西国《さいこく》地方に行きたいと述べている点です。と申しますのは、それは私たち（に対する）この迫害に火を加え、すべてを数日中に破棄し尽すに至ることが明白だからです。当五畿内（山城、摂津、河内、和泉、大和をさす）のキリシタンたちもそのことをいたく心配しておりました。（私は）使者や書状によって、彼女のそうした決心を思い留まらせるのに大変な苦労をしました。でも主（デウス）のお陰をもって、彼女は、私が（書中）他の要件に交えて記しておきましたジェルソン（の書）の一節、「一つの十字架から逃れる者は、いつも他のより大きい十字架を見出す」キリシタン版「こんてむつすむん地」巻第二の第九「たつとき御くるすのごかうのみちの事」の該当箇所は、「一つのくるすをすつるにをひては、又べつのくるすにあふべき事うたがひなし。もしくはなをまさりてをもきくるすもあるべし」と「新村、柊校注「吉利支丹文学集」より）（という言葉）を理解しました。その結果、彼女は落着きを取り戻し、（私宛の）書状や伝言からして、（あのような）ことを起すことはなさそうです。これによっても、我らの主なるデウスが、（彼女の）霊魂に多くの御恵みを授け給うたことは明白です。それについては（人々の間に噂が）弘まらないよう、ここでは割愛し、後に機会（があれば）記すことにいたします。我らの主（なるデウス）が、彼女を通じて偉業をなし給うため、このまことにふさわしい道具を用いられんことを。私が（先に）都に来ることを希望しました理由の一つは、（ガラシャという）この霊魂に対する愛情からでした。なでならば、この霊魂を保持することから大いなる善が生じ、それを見放すことによって私たち一同は大いなる危険に曝《さら》されるからなのです。それほど彼女は高貴であり、私たち一同が心して我らの主（なるデウス）に彼女のことを願うに価する人物だからです。もし貴地から〔彼女が望んでいるように〕忠告や激励の書状が彼女宛にしたためられるようでしたら、それは私の許に送って下さい。この問題が発覚する危険がありますから、他人に宛てては決して送付しないでいただきたい。私は彼女と面識がなく、どの司祭も彼女と話をした者はいませんが、（貴地からの）それらの書状は私が彼女に届けるようにします。私がかく申しあげますのは、関白の追随者（施薬院）徳運が暴君（秀吉）の前で、彼女の夫（細川越中殿）の守護者〔単なる利益からだけですが〕（の彼）をしていますので、（本件について）ほんの一言（彼が）耳にするだけで、この五畿内（のキリシタン）のすべてを転覆させるに十分だからであります。そのためにガラシャは、このことできわめて警戒して過しているのです。ガラシャの夫は、彼女とその侍女たちがキリシタンになっていたことを知った時に、自分が出陣中、彼女たちが外出したであろうと感づいたことでしょう。（そして）それは彼には堪え難いことであって、彼女に対してなんらの忍耐も持ち合わせなかった（わけでもありました）。ガラシャには善良この上ない一人のキリシタンの寡婦《かふ》が（仕えており）、昼夜つききりで彼女の許にいて、（ガラシャ）は彼女をこの上なく愛しています。それは（ガラシャ）の夫の諒承のもとでなされています。彼は、同人が善良なキリシタンであることを知っていますから、私は最後にはガラシャの忍耐力によって、彼もいつかは我らの聖なる教えの光に浴し、それを認識するに至るであろうと希望をつないでいるのです。』と、綴られている。オルガンティノ師について述べたいのであるが、師はイタリア人。一五五六年十二月、イエズス会に入る。一五六七年三月、ポルトガルを出て、インドに向かい、一五七〇年六月日本に到着、京都に至り、五畿内の上長の職にあり。信長の信任もあり、安土の神学校建設に尽力。八七年の迫害時、室津にのがれ遅くとも一六〇五年から一六〇九年四月に逝去するまで長崎に留まった。日本人にはよく知られた方であった。都の純粋の日本語を語り得た人物であった。晩年は病弱の為、中日本布教長の職をモレホン師と交代する。

そして、大坂教会の其時の教会長、セスペデス神父は玉子の教義については日本人なるヴィセンテ修道士に任せた。以前の事であるがオルガンティノ師は高山右近の城下、高槻の神学校の世話役に、人員としては二人の司祭と数人の修道士がいたが、その中の一人として、すでに四十歳になった（日本人）ヴィセンテ修道士を任命した。

＊（日本人）ヴィセンテ修道士

ヴィセンテとういん（Join, Join 等と記されている）若狭の出身パウロ養方《ようほう》の息。一五八〇年十二月、イエズス会に入る。すぐれた説教家であり、また日本の言語、文学に精通していた。特に上《かみ》において功績を残した。しかし一五八七年の迫害以後、下《しも》でも過し、一六〇九年に逝去した。

（Monumenta His torica Japoniae I.P. 1325）

洗礼の際にヴィセンテ・ヴィレラの教名を受けた。（BAL.Cod.49-Ⅳ-56.f.5v）。十一年以上、同宿として奉仕。一五八一年ルイス・デ・アルメイダとともに本渡《ほんど》にあり、彼から医術を学んだ。ヴァリニャーノは一五八〇年に彼をイエズス会に迎えた。時に四十八歳であった（FⅢ 5.130）。一五八七年には大坂と堺におり（FⅢ 1.439）、一五八八年大坂において細川ガラシャの改宗に主役を務めた。

一五八九年～九一年、長崎にあり、一五九〇年には加津佐でのイエズス会の会議に列席、一五九二年および一五九六年には都にいた。同年仏教研究のために奈良に至り、都に戻って内藤ジュリアに改宗を決意せしめた。一六〇三、一六〇六、一六〇七年にも都にいたはずである。ラテン語を解さなかったが、イエズス会会員全員の中で最も日本語に通じていた。（Valignano-Alvarez P.125n. GJ. p 96 n FⅢ 5.342）。ヴィセンテをフロイスは"Vicente Join"（FⅠ 5.712）と記しているが、「伴天連記」（九ページ）にも「タウイン・ヴセンテ」とある。新村出博士によれば、原本には「たういんびせんて」とある由で「洞院」を当てることについては確言を避けられた。「海表叢書」一～一二ページ。

新村出著「遠西叢考」一三三、一三四ページ）。

フロイス日本史（I）一章より

私の思いの中にヴィセンテ修道士の生国が若狭の国であると云う事に。もちろん父、パウロ養方も若狭の国で医学の道に生きてこられた家柄の方。父の代からの土地である。

ヴィセンテ洞院《とういん》は一五八八年、大坂において細川ガラシャの改宗に主役を務めたという記述から、ガラシャは一五八七年に受洗されている。

若狭の国はガラシャ夫人の生国、越前国と隣接の土地である、（現在では同じ福井県である）ということに想いをはせてしまう。玉子の出生は永禄六年（一五六三年）であり、光秀三十六才の年である。光秀は無名の美濃時代に明智宗家土岐氏の臣、妻木の城主、妻木勘解由左衛門《つまきかでのさえもん》の娘、伏屋姫（熙子）と婚約を交わされた。才色兼備をうたわれたお方であったと言われている。晴れて光秀の妻となった熙子《ひろこ》は、夫の情に報いたい一心で、万事につけて、不遇な時代を陰から支えて、武名に大きく貢献したと言われている。夫のため「女の命」をも売る貧乏時代を支えた妻としてのエピソードは有名であるが、女の命とも云える黒髪を切って、かずらを作り、お金に代えたと言われているとおり、生活は苦しい状態であり、若狭国や越前国あたりに浪人し、仕ふべき主人を求めながら、軍学や砲術、武芸に励んだと言われているが、良将にも会えず、妻の居る若狭国の小浜にも帰ったりしていた。光秀が史書に登場するのは、永禄十一年（一五六八）七月、光秀、細川藤孝と信長・義昭の結合を計るあたりからである。

加賀の一向宗徒が一揆を峰起し、越前国の朝倉景義と対抗していた。（大阪市婦人連合会著「細川忠興侯夫人」（昭和四年十一月発行）記述より）。明結婚から三年後、一五五六年、斉藤義龍軍に攻められ、明智城は落城。明智家再興の思いを託され、越前国長崎（福井県丸岡市長崎）に逃れ、時宗、当時園阿《えんあ》上人の称念寺《しょうねんじ》の境内を借り、後、寺子屋を始め、仲睦まじい夫婦だったと言われているが、貧乏な暮らしを余儀なくされた。この頃(一五六二年)、越前守護一乗谷城主・朝倉義景に仕えたと思われる。しかし、夫のためにつくした内助の功は、美しい夫婦愛として、俳人、松尾芭蕉が詠んだ句として、今も坂本、西教寺にその句碑が明智熙子夫人の墓前に寄進され、建立されている。又称念寺の庭にも建てられている。

「月さびよ明智が妻の咄《はなし》せむ」

この越前の地で三女として、生を受けた玉子はまことに見目美わしく、才気の勝った女児であったと言われている。そして貧苦の間に其の幼少時代を暮したが、熙子の賢母良妻としての資質が後世に伝えられた事は、「熙子の立派なる精神が其の子によって、世に現われたと思わざるを得ませぬ」と評されている。

想うに若狭の国は、越前国、丹後国(宮津)はいづれも隣接した立地柄であり、ガラシャご自身の中で、ビンセンテ修道士は、歩んでこられた道のりの近くにいる同郷の方としての親近感をもって、心の通じ合える方として、何か思いを一つに出来るお方として、キリストのお教えに全霊を込めて、神の摂理を求め、時には、わき起こる苦悩について書き送り、優れた説教家であったので、日本の（仏教の）諸宗派の事についてもよく精通をしていたし、誤謬《ごびゅう》や偏見に対してもより良い論拠を得ることが出来たのではと。言葉は格調高く、弁舌はさわやかな方であると言われている。若狭の国や越前国・称念寺時代の父母の労苦の時代に想いを寄せて、幼少時代の記憶はおぼろげとは言え、父母の追想に祈りの日々をすごされていたと思う。

私は玉造の越中井戸の側《そば》の公園のベンチで夕日を陽びながら、近隣に住む親子がサッカーボールに興じている様子をながめ、在りし日のガラシャへの姿を求めていた。聖マリア大聖堂に隣接する越中公園で、高山右近列福祈願ミサにあずかり、ひとときの休息をとっていた。この玉造の屋敷から、バアデレ・セスペデス神父のいる教会堂へ行きたいと願っても希《ねが》いは許されない。玉子は小侍従と一緒に侍女を装い、裏門から賑う町へそっと出た。そして、教会堂を訪れたのは、前後ただ一度だけのことである。私は以前からこの教会堂はどこにあったのであろうかと思索していた頃のことが脳裡に浮かぶ。フロイス「日本史」第一章の中、神学校が高槻に移り、関白（秀吉）が大坂で教会を建てるための敷地を与えた次第の記述に、「我らの司祭たちに授けられた地所は、大坂では最良の場所の一つであり、（秀吉）が述べたとおり、多くの諸侯が求めたが、彼が誰にも与えなかったところであった。その（地所の）一方は川に沿い、非常な高台となっていて、背後の三方は切り立ち、堅固で、あたかも城塞のような地形をなしていた。どの場所からも大坂の美しい優雅な眺望ができ、もとより多くの良き鳥の（囀《さえず》りが聞こえる）場所でもある。

ジュスト右近殿は、こうした成功を収めたことを無上に喜んで、我らの主に感謝した。」

（注釈：この教会が現在、どの地点に該当するかは明らかにし得ない。ちなみに十七世紀初期の「耶蘇征伐記」なる写本には、「大阪では天満橋のほとり、濠から一町西……久宝寺橋・安堂寺橋の間、これより一町西に耶蘇の寺を建つ」（新村出「西洋文化と大阪」『遠西叢考』二七七ページ）とある。玉造の聖マリア大聖堂から越中井戸、そして法円坂の方向へ行くと難波宮跡があり大阪城が眼前にあり、都会のビル群が建ち並び、大手前通りを行くと天満橋の方向へと天満橋駅が見える。私も幾度となく散策して、ありし日を想い浮べたことが想い出されてくる。又、越中お屋敷内の事であるが、細川家記「綿考輯録」に記載されている史料で「関原集二大坂玉造口に越中屋敷有《あり》、奥方の仕置《しおき》に地震《じしん》の間《ま》と名付《なづけ》、八畳敷に座敷を拵《こしらえ》、四方のかべに鉄砲の薬を紙袋に入れかけ置《おき》何時も大地震、或ひは火事にても外へは不出《いでず》。地震の間への奥方御入候て火を付焼死《つけやけしぬ》る作法に相定破置《あいさだめおかる》」とある。何と恐ろしいまでの状況の記録である。八畳敷の座敷の回りの壁の中に紙袋に入れた火薬を埋め込み、緊急時には入らなければならない状況であったのが事実ならば、何由、「地震の間」なるものを設《しつら》える必要にかられたのであろうか。戦国のならわしに人質にとられることが度々あるが、日頃から、それらの事に備えることのためであろうか。恐ろしいまでの息苦しい状況である。玉子に万が一にも危険がおよび、敵方の襲来があった時とか地震の時に備えるための間であったのであろうか。

ガラシャは洗礼を受けたその後、ご自身は信仰のためにはあらゆる苦しみや艱難《かんなん》をも忍び、生命をも捧げる決心をしているから、自分の事については心配をして下さらないようにと、バアデレ(宣教師)に伝えている。『私とマリヤとは、それが越中殿からであろうと関白殿からであろうと、どこから来ようとも、いかなる迫害に対してもそれに堪える準備をしています。

このようにしてデウスに対する愛のために何事か苦しむことができましたら嬉しく存じます。私はいつもバアデレ様方の消息が得られることを日夜念じ、私が子供たちを救うのをお助け下さるように、我らのデウスがバアデレ様方を当地に連れ戻したまわんことを願っております。どうぞ私にお便りを賜る機会をお逃しなきよう、またおらしょと御みさの折に私を御記憶におとどめくださいますよう重ねてお願い申しあげます。(中略)
霜月七日　大坂にて　がらしゃ』と結んでいる。
そして、天正十五年(一五八七)十一月七日付のガラシャ夫人がバアデレ、セスペデスに送った書簡に『三つになる次男は、病気がひどく、回復の見込みもございませんでした。私はあの子の霊魂が失われることが気がかりになりましたので、あの子のために何とかしてやれないものかと、マリヤと相談いたしました。私どもはあの子を御作者デウス様にお頼み申しあげることが、一番よいと考えましたので、マリヤがひそかに洗礼を授け、霊名をジョアンとつけました。その日から、あの子は回復に向かい、ただ今ではもうすっかり元気になっています。』と述べられている。霊魂を失うことへの恐れは夫人にとって耐え難いことであり、洗礼の恵みは夫人の切なる望みである。幼名与五郎という次男は生来、身体は柔弱で繊細な感覚を持っていたと言われている。この子だけはひ弱な生命をこの世に授かったのであろうか。思えば、味土野で暮らした時に胎内に身ごもっていた。デウス様の御心なのでしょうか。天正十三年（一五八五）に誕生した。（ガラシャの言葉から天正一五年十二月には数え年で三歳と推定）、与五郎が成長するにつれ、忠興に気付かれずに信仰を教える事に困難を伴ったが忠興や近親の者にも八年後にも知れずにいたと言われている。成人し興秋と名のった。これまで一人だけ洗礼を受けさせているが、生命の危険からのことであり、忠興がキリシタンを快く思っていない限りは、子供たちへのキリシタンの教育を許さなかったであろうと思われた。そこで、忍耐強く時の来るのを待った。そして、ガラシャは夫からキリシタンとして生活することを許された時、七才（一五八八年出生）になる次女の多羅だけにはひそかに洗礼を受けさせた。この同年文禄四年に忠興の弟興元が高山右近によってキリシタンとなり、自ら洗礼を受けることになる。忠興の命により興元はガラシャの次男を養子にしたのであるが、八年前に次男もガラシャも洗礼を受けていることを知らなかったようである。夫人にとって興元の改宗は喜ばしいことであった。父幽斎も興元の洗礼については反対をしなかったようである。但《ただ》し、母麝香《じゃこう》の方は熱心な仏教徒であったので、強く反対をしたが、固く信仰を守った。そして、母は時間がたつにつれて厚意をもつようになったようである。最後に洗礼を受けたのは長女のお長である。一五九七年度年報によれば、「お長は洗礼を受けることを長い間拒否しつづけてきたが夢の中に神の幻影を見た結果洗礼を受けた」ことが述べられている。しかし、受洗したことは事実であるが、年月日、洗礼名等は不詳である。そして成人し、お長は前野長重に、多羅は豊後臼杵《うすき》の大名稲葉《いなば》一通《かずみち》に嫁した。そして、長男忠隆は最後まで入信はしなかった。夫人が亡くなった際、忠隆の妻千代女がその場を逃れて一命を全うしたことを聞いた忠興は武士の妻としてあるまじき行為として非難、忠隆に妻と離婚することを厳命する。妻を容認する態度に忠興は激怒し、早速忠隆を廃嫡処分とし、忠隆は、その後剃髪入道して法号を休無と称した。そして京都、吉田に隠棲していたと伝えられている。三男忠利はキリシタンに好意を寄せていたし、受洗を希望しながら、政治的な配慮から敢えて入信を拒否していたとヨハネ・ラウレス著、「細川ガラシャ夫人」の中でこれらの事情を述べられている。忠興は元和六年剃髪して三《さん》斎《さい》と称して家督を三男忠利に譲って隠居した。忠利は二代越中守・肥後・豊後・五十四万石の熊本藩主として、細川家を継ぐこととなるが、徳川幕府のキリシタン禁令の弾圧により、細川家の安泰のためにキリシタンの教えを棄てざるを得なかったのであろう。そして以後、忠興は休無忠隆とも文通をするようになっていたようである。細川家「永青文庫蔵」に休無忠隆が健康を害していた時、三斎が早速、薬を送った添状も有り、又、父三斎へ宛てた眼病の見舞状と思われる、長岡休無書状　三斎（忠興）宛

釈文

御身上之事唯今承候
世を恨人をつらしと思ふ
なよ我身の上を我と知らねば
かしく
七月朔日

（端書）
三斎様　人人御中　休

と父への思いを綴った書状がある。

三女のお万も入信をしなかったが公卿である中納言・烏丸光賢に嫁す。京都に住み、烏丸家と細川家の婚姻関係は深くなる。

「こんてむつすむん地《ち》」3編

第二一章「すべての善い物と賜物とにまさって神のうち休むべきこと」

3

「ああ、わが魂の最も愛する花嫁なるイエス・キリストよ、最も清い、愛する者、

すべての造られたものの主よ、あなたのもとにのがれ去って休むために、

真の自由の翼を誰が与えてくれるでしょうか（詩編五五・六）。

ああ主なるわが神よ、いつの日か、心ひとすじに考えて、あなたが

どんなにやさしいかを見ることが十分に許されるでしょうか（詩編三四・八、四六・一〇）。

いつの日か、心をあなたのうちに落ちつけ、あなたを愛するがゆえに、自分を覚えず、すべての感覚と度を越えて、すべての人の知らぬ仕方であなただけを覚えるようになりましょうか。しかし、今私はしばしば嘆き、憂いをもって私の不幸を忍ぶのです。

それはこの涙の谷において、多くのわざわいが起こって、しばしば自分を悩まし、悲しませ、心を暗くし、しばしば私を妨げまどわし、いざない陥れ、そのためにあなたに自由に近づくこともできず、また祝福された霊のために常に備えられる楽しい歓迎を受けることもできないからです。どうか私の嘆きと、この地上におけるわたしのさまざまの荒れはてたさまがあなたを動かしますように。」

私はこの章のみ言葉に夫人のお姿と魂の叫びを感じてなりませんでし

た。

戦国の世はお二人にとっても心のやすらぎはひとときのことかも知れぬ。いつ天下が変わるやも知れぬ。細川家コレクション展覧会や細川ガラシャ展で拝見させていただいた永青文庫蔵の忠興公所用の鎧《よろい》（具足）を見るとモダンな感じがしたし、兜《かぶと》の部分は近代的な赴きもあり、南蛮人が描かれている南蛮人蒔絵《まきえ》印籠《いんろう》（南蛮人形の根付が付いた）を保持していたし、印象的だったのは書状の花押《かおう》の印判にローマ字印を使用している姿は近代的な紳士を連想してしまう。ヨーロッパ文化への関心は旺盛で、南蛮菓子を作って幕府へ献上し、ヨーロッパの毛織物ラシャで陣羽織を作り、小倉藩主の時には、ワインの醸造まで試みていると言われている。三代目当主忠利も父同様、印判にローマ字印を使用していたし、印文は「Tadatoxi」であり、細川家ではその後、寛永年間まで、西洋渡来の印判を使用していたと言われている。寛永十七年七月付のローマ字印の忠利書状もあり、イエズス会の宣教師がローマ教皇庁に宛てた記録によると、忠利もキリスト教に「好意を示していた」と言われる。

細川の九曜《くよう》の紋がついた忠興所用鞍《くら》・鎧は美術工芸品の趣を感じるものである。茶道具については利休・幽斎・忠興にゆかりのあるものが展覧されていた。陶磁類を観ると、乙御前《おとごぜ》の銘のある黒楽茶碗の重厚な利休好みの品格の一品である。「三斎君御好ミ侯て楽《らく》長次郎ニ御焼せ成され候今にこれ有」と記している。ガラシャ展にも、大高麗《こうらい》茶碗が展示されていた。この一碗は、口径が一八センチもある大振りの茶碗で「三斎君御秘蔵なされ候今にこれ有」と記している。いかにも武将らしい豪快さがある品である。三斎自作（忠興）茶杓《ちゃしゃく》の黒鶴写がそばに置かれている。

「利休が作った茶杓で銘を黒鶴と付けた名杓があったのを、忠興が写して作ったものである」と記されている。これも艶があり、品格のある、真直な感性を感じる。利休に愛された彼の茶の心が伝わってくる思いに、立ちとどまっていた。忠興の人格をそこにみる思いがする。そして、ガラシャ夫人お手製の袱紗《ふくさ》が出品されていて、ご自身の筆で白地の平絹に、墨で表に「梅に鶯」、裏に「谷川に松」の花鳥図を描いておられる。細川家の分家の一家である内膳家にガラシャ夫人自筆の袱紗として伝来したもので、昭和五年、細川宗家に納められたと言われている。夫人が日用に使用されていた九曜紋入椀《わん》、朱塗金蒔絵食器、菓子皿等、そしてみごとな細工で彩られた黒塗九曜紋入貝桶及び貝等の工芸品があり、特に印象深く心に残ったのは、ガラシャ夫人の消息であり、夫人の消息は現存が確認されているものは合計十五通である。国立国会図書館に十通、永青文庫に四通、小侍従の子孫である松本家に一通である。小侍従宛八通、松本内儀《ないぎ》宛（明智の臣松本某の後家）三通、他となっている。ガラシャの真筆は伸びやかな闊達な美しさを感じさせる、達筆な書体で、その大部分は折紙に散らし書きで書かれている。東西広しと云えども、これほどの達筆な筆さばきの方はいないとまで評されている方である。以前、文京区目白台にある永青文庫に立ち寄らせて頂いた時、拝見させて頂いた、ガラシャ短冊は源氏物語、桐壷帖にもとづく歌「たつね行まほろしも哉つてにしも玉の有かをそことしるへし」とガラシャによる書写であり、内容と文字から沈鬱な雰囲気が漂い、味土野に幽閉された頃のものと言われている。ガラシャはポルトガル語やラテン語も学んでいたとも伝えられている。そして、教師にもつかず、ローマ字の読み書きを学び、バアデレ達に自分の色々な事柄について話すことを強く願っていたので、ヴィンセンテ修道士が夫人に送ったアルファベットの材料によって覚えたと言われている。これらのことは夫人の高い天分が証《あかし》されることである。又、西洋のオルガンもたしなみ、聖歌も唱和されていたのではないでしょうか。

二人はこの近代的な心をもった戦国の世に生きた夫婦であり、意見こそ食い違いがあり、口論になろうとも、忠興は忠興で自己に忠実に自由に生きたであろうし、玉子は己の生き方に忠実であったが、玉子の信じるキリシタンの神デウスを忠興は十分理解出来てはいなかった。

日頃尊敬する高山右近の口から出るデウスの教えに耳を傾けてはいるが、彼の心にはまだ逡巡があった。玉子のお心の中には、忠興のお心の中にも神から与えていただく「心のやすらぎ、平安」で満たしてあげたいという願いがあり、子供達にも「真の幸福」について教えていきたいという思いがあった。戦《いくさ》の世にあって、殺し合いをして自分のみの幸福を得ようとすることのむなしさを忠興にわかってもらいたい思い。「こんてむつすむん地《ぢ》」の第三十六章「人のむなしいさばきに対して」三節。

「あなたは何者なれば、死ぬべき人を恐れるのか(イザヤ五一・一二)。きょう彼はいてもあしたは見られないのである。神を恐れなさい。そうすれば、あなたは人を恐れることはないであろう。どんな人の言葉や行為も、あなたに害を与えるものはないであろう。彼はあなたよりもむしろ自分を傷つける。また誰でも神の審判を避けることはできないであろう。

常に神をあなたの目の前に置いて、怒りの言葉と争うな。また今、負けて不当に恥をうけるように思われても、そのためにつぶやくな。また短気のために、報いを少なくするな。むしろ目をあげて、天にあるわたしを見なさい。わたしはすべての恥と害からあなたを救い、おのおの、そのわざに従って報いることができるのである（マタイ一六・二七、ローマ二・六）

玉子はこの真理への神の愛にひかれて心にとどめておられた。

私は、今週のミサの朗読のシラ書の中の一節、

「主はお前の前に火と水を置かれた。

手をさし伸べて、欲しい方を取ればよい。

人間の前には、生と死が置かれている。

望んで選んだ道が、彼に与えられている。

主の知恵は豊かであり、主の力は強く、すべてを見通される。

主は御自分を畏れる人たちに目を注がれる。

人間の行いはすべて主に知られている。」

を静かに黙想していた。

デウス様の思し召しがどの様なものなのかを殿に知ってもらいたい。殿のために、心のやすらぐまで祈りたい。「主を畏れ、敬い尊ぶものには、主の御慈悲がある」ことを殿の心に聖寵《せいちょう》をたまわれんことを願う玉子ではあるが、徳川家康に従い、上杉景勝を討つため、会津出征の地にある忠興の許《もと》に、来たるべき時が来た事が伝えられる。家康に味方する諸大名と同様、妻子を大阪に残している。政治的な策謀により、石田三成は家康に味方する諸大名が心変りをして三成方に加勢せざるを得なくするため、彼らが大阪に残している妻子を人質として、大阪城内に連れて来させようと企んだ。その最初の人質として細川ガラシャ夫人が選ばれることとなる。特に夫人は勇敢な武将の一人の妻であり、世に有名な方であり、名望の高い家柄であるため、忠興を徳川方から引き離すことに成功すれば、他の諸大名もそれにならうであろうとの目算があった。

細川家にとっても恐れていた事態になった。

この急変はただちに田辺城にいる幽斎の許にも知らされた。そして、関ヶ原合戦の時、徳川方についた幽斎はわずか五百の兵力で丹後の田辺城に籠《ろう》城《じょう》し、一万五千にのぼる三成《みつなり》方西軍を六十日にわたって引きつける働きをしていると言われている。

戦乱の最中、「古《いにしえ》も今も変らぬ世の中に心のたねをのこすことのは」と最もよく知られた一首を残されている。古今伝授の伝統を守りぬいた、幽斎の命は救われる。日本の歴史で、文学が政治や戦争に優先されたたった一度の出来事であったと言われている。

秀林院《しゅうりんいん》様御果《は》てなされ候次第《しだい》の事、
一、石田治部少輔《じぶのせう》乱《らん》の年七月十二日に、小笠原少斎《おかさはらしょうさい》、河北石見《ぎたいわみ》両人御台所まてまいられ候て、わたくしを呼び出し、申され候は、治部少輔《じぶのせう》かたより、何も東《ひかし》へ御たちなされ候大名衆の人質《しち》をとり申候よし風聞《ふうぶん》つかまつり候か、いかいかが候はんやと申され候ゆへ、すなわち秀林院《しゅうりんいん》様へそのとをり申上《あけ》候、秀林院《しゅうりんいん》様御意なされ候は、治部少輔《じぶのせう》と三斎様《さんさいさま》とはかねがね御間《おんあいだ》悪《あ》しく候まま、さだめて人しちとり申始《はじ》めに、此方《はう》へ申まいるべく候、はじめにてなく候はば、よその並もあるへが、一番《ばん》に申きたり候はば、御返《へん》答《とう》いかがあそばされよく候はんや、少斎《しょうさい》・石見《いわみ》分別《ふんへつ》いたし候やうにと御意なされ候ゆへ、すなわち其とをりを、わたくしうけ給、両人に申渡し候事、
（『しも女覚書』より）

以下史料の各箇条を（　）内に要約すると、

（七月十二日、石田三成が関東に下向した大名衆から人質をとろうとし

ているという噂を小笠原・河北両人が玉子（秀林院）に伝え、そうなったときの判断を仰いだ。玉子はふたりに対応を考えるよう命じた。霜はこのやりとりを取り次いだ。）

一、少斎《しょうさい》・石見申され候は、かの方より石の様子申きたり候はば、人質に出し候はん人御座なく候、与一郎（忠隆）様、同じく与五郎（興秋）様は、東へ御立なされ候、内記（忠利）様は江戸に人質に御座候、ただ今爰《ここ》元《もと》にて人質に出し候はん人、一人も御座なく候間、出し申事なるましきと可申候、是非《ぜひ》共に人質とり候はんと申候はば、丹後へ申遣シ、幽斎様御上りなされ御出候物か、其他何とそ御指図可有候まま、それまて待候へと返事いたすべきよし申上られ候へは、一段しかるべきよし御意に候事、（『しも女覚書』より）

（ふたりは細川家から人質に出す人間がいないため拒否すべきだが、是が非でもということになったら、丹後にいる幽斎に京に出てきて（人質になって）もらうほかないので、その時間的猶予がほしいと返事するのがよかろうとし、玉子も了承した。）

一、ちゃうごんと申比丘尼《びくに》、日比御上様へ御出入仕人御座候を、彼方より此人をたのみ、内証にて石之様子申こし、人質に御出候やうにと、度々長ごん申候へ共、三斎様御ためにに候まま、人質に出申候事は、如何様《いかんよう》の事候共、中々御同心《どうしん》なきよし被仰候、又其後まいり申され候は、左様に候はば、宇喜多《うきた》の八郎殿は与一郎様奥様に続き候て、御一門中に而御座候へ、其分に而御人質には出候とは、世間には申ましく候まま、左様に被遊候へと申参候事、（『しも女覚書』より）

（三成は日ごろ玉子のもとに出入りしている「ちょうごん」という尼を介し、玉子に人質に出るよう何度も申し入れたが、玉子は拒否した。これに対し、三成は、忠興嫡男忠隆の室は宇喜多秀家と姻戚（秀家室と忠隆室はともに前田利家の娘）であるため、宇喜多邸へ入ってもらえばいいからと譲歩した。）
一、御上様御意なされ候は、宇喜多の八郎殿は尤御一門中に而候へとも、これも治部正と一味のやうに被聞召候間、それまで御出候ても同前に候間、これも中々御同心これなく候故、内せうに而のふんに而はらち明不申候事《あきもうさず》

一、同十六日に、彼方より表向きの使ひ参候而、ぜひぜひ御上様を人質に御出シ候へ、左なく候はば、押込《おしこみ》候て取候はんよし申越《こし》候、少斎《しょうさい》石見申され候は、あまり申度ままの使に候まま、此上我等是に而腹仕候共、出申ましき由申遣シ候、それより御屋敷中の者共覚悟致罷有候事、（『しも女覚書』より）
（十六日、三成より表向きの使者があり、玉子を人質に出すよう要請し、もし拒否すれば、屋敷に押し入って連行する旨を通達してきた。小笠原・河北は自分たちが切腹しても玉子を人質に出すまいと決断した。）

一、御上様御意には、まことおし入候時は、御自害可被遊候まま、其時はしやうざい奥へ参候而、御介錯《かいしゃく》いたし候様にと被仰候、与一郎様御上様をも人質には御出し有間敷《あるまじく》候まま、是ももろ共に御じがいなされへきよし、内々御約束御さ候事、

一、少斎・石見・稲富両人談合ありて、稲富には表にて敵を防き候へ、其ひまに御上様御最期《さいご》候様に可仕由たん合御座候故、則稲富は表の門に居申候、則其日の初夜の此、てき御門まで寄せ申候、稲富は其時心変りを仕、敵と一所になり申候、其様子を少斎きき、もはやなるましきとおもひ、長刀をもち、御上様御座所へ参、唯今か御さいごにて候よし被申候、内々仰合候事に而御座候故、与一郎様をくさまをよひ、一所に御はて候はんとて、御部屋へ人を被遣候へ共、もはや何方《いずかた》御退《のき》候哉らん、無御座《ござなく》候故、御力なく御はてなされ候、長刀に而御かいしゃくいたし被申候事、(『しも女覚書』より)

（小笠原・河北・稲富らは話し合い、稲富が表門で敵を防いでいる間に、敵が門の前まで寄せて来た時鉄砲の名手であった、稲富が変心し、敵に寝返ってしまったため、小笠原は長刀を持って玉子の部屋に参り、もうこれまでと玉子に最後の時を告げ、介錯をされた。忠隆室はどこかに逃れてしまったようで、すでに部屋にはいなかった。）

一、三斎様・与一郎様へ御書置被成、私に御渡シ被成、被仰候は、をくと中女房と私と両人には落退き候て、御書置を相届、御さいごの様子三斎様へ申上候様にと御意候故、此御さいごを見捨候而はをち申ましく候間、御とも可致之由申候へ共、二人はをち候へ、左なく候ては、此やうす御存候事なるましく候まま、ひらにと被仰候故、御さいごを見届けしまひ候て罷出《まかりで》申候、内記様御ちの人には内記様への御形見を被遣候、

（忠興・忠隆への書き置きが霜に託され、侍女のをくとともに屋敷を逃れ、書き置きをふたりに届けてこの様子を報告するよう命ぜられた。霜はお供

したいと懇願したものの、そなたたちが逃れなければこの様子を伝える人がいなくなるからという強い仰せにより、やむなく屋敷を逃れた。）

一、私共御門へ出候時は、もはや御屋形へ火かかり申候、御門の外には人大勢みへ申候を、後に承候へは、敵に而はこれなきよしに候、火事故あつまりたる人に而御座候と申候、敵参《まいり》候も一定に而候へとも、いなどみを引つれ、御さいご以前に引たる由、是も後に承候、則御屋形にて腹をきり候人は、少斎、石見、いわみ甥《おい》六右衛門同子一人、此分をは覚申候、其外もあらあらは大かたは如此候、以上

正保五年二月十九日　　しも（黒印）

（霜たちが屋敷の外に出たときには、建物に火の手があがっていた。門外に大勢の人がいたが、これは後で聞いたところでは騒ぎを見物しに来た人びとだという。敵兵は稲富を連れ、玉子の最後の以前に引きあげたということも後で聞いた。このとき切腹した面々は、小笠原・河北・河北甥、

その子ほか二、三人であるが、はっきり憶えていない。）

細川家財団法人「永青文庫」の所蔵する『霜女覚書《しもじょおぼえがき》』と名づけられた第一級の史料である。玉子様の死の直前まで付従い、遺言を預り、屋敷が炎上する直前に脱出した侍女霜が、事件から約四十八年後の正保五年二月十九日付で当時の熊本藩主、細川光尚《みつなお》に提出した記録であり、石田光成による大坂城への人質要請から玉子様の死に至るまでの経過を九ヶ条にわけて記述したものである。実際の様子を記録したものとして語られる史料である。

一五九六年十二月十三日、長崎に於ける、ルイス・フロイスの書簡の中に「丹後の領主の奥方ガラシャの改宗と経歴とに関してはすでに報告したが、彼女はすでに十一年前にその夫が吉利支丹でないために、その邸で秘かに、吉利支丹宗門のある緑者から洗礼を授けられた。しかるに太閤秀吉が自分に対して陰謀を企てたという口実で、その甥たる関白（秀次）を討つことを命じたとき、他の諸大名と一緒に忠興の生命も危殆《きたい》に瀕《ひん》したのである。身分の高いものは自害する前にまずその夫人、子供、侍女たちをも殺して敵の手中に陥らないようにすることが日本人古来の習慣であるから、ガラシャはもし自分の夫が生命を失ったときは、家中の婦人たち全部と共に自殺しなければならないと悟った。彼女の孤立した辛い生活が他の貴婦人たちの生活の実情と甚だしく異なっているにもかかわらず、彼女は今日にいたるまで、自分も完全な信仰を保持しようと努め、侍女たちにもこれを保持させようと努めてきたのである。そして、彼女の洗礼以来十一年の歳月が経過しているにもかかわらず、その間彼女は一度もパアデレに会ったことがなく、一度も聖堂へ入ったこともなく、一度も祭式や説教に出席したこともなかった。しかもまだ吉利支丹にならなかった頃、はじめて大坂のわれわれの家で聞いたこと、および彼女に洗礼を授けた吉利支丹侍女から聞き知ったこと以外には何も学んだことがない。彼女はその夫に自分の改宗のことを全く話してなかったので、まだ一度も罪を告白することができず、前述のごとく昨年生命が危殆に瀕した時、ある男を介して、自分のために ミサを上げ、そして天主が自分ばかりでなく夫をはじめ家中の者を迫りくる危険から救いたもうようにとわがパアデレに願った。彼女は、まだ悔悛《かいしゅん》の秘蹟の説明を聴いていなかったから、深く信頼している一吉利支丹侍女を呼び寄せて、自分の罪をすべて告白し、かつ自分ではできないので、彼女の名においてその罪を都の指導者たるパアデレに告白して、赦しと償いとが得られるようにと頼んだ。バアデレは告白に対する熱心な申し入れを非常に喜んで、ガラシャがいかにして天主からその罪の痛悔と赦免《しゃめん》とを乞《こ》い得るかに関して使の侍女に教示を伝えた。すなわち、彼は天主に対して抱くべき信仰と期待とをガラシャに教えたのである。この返事はガラシャを非常に喜ばせた。そこで彼女は再び二、三の疑問を提出したが、その中には、身に危険が迫った場合直ちに自殺しなければならないと彼女の夫が命じたことが含まれていた。パアデレは彼女に答えて、それはどうしても許されない、それこそ天主に対する最も重大な罪であると言った。そこでガラシャはパアデレの勧告に従おうと答えた。実際、すべての人を生命の危険から救うということが天主の慈悲にかなうことである。」

一六〇一年イエズス会年報

「ガラシャ夫人は、その徳高く、才能すぐれていたために、日本の津々浦々までその名が知れわたっていたのであるが、殿も同様な理由で、夫人を非常に寵愛するようになった。

かつて、彼女が初めて信者になった時、殿は、単に吉利支丹宗門を信仰したというだけの理由で非常に辛く当り、彼女の悲しみを増したのであったが、彼女はかくも忍耐強くてそれに耐え、不撓不屈《ふとうふくつ》それを貫きとおして、ついには殿の心を巧みに柔らげるにいたったのである。しかも、それは単に殿の心を柔らげたばかりではなく、彼女が吉利支丹である事に誇りを感ずるようになり、伏見から大坂に移った時のごとき、殿自らいつまでも彼女の思いのままに祈りができるように、礼拝所や祭壇の建築に指図をしたほどであった。」

そして、一六〇〇年十月のイエズス会年報には「こうした争闘の間に、前にも述べた未信者の丹後の殿長岡越中殿の奥方ガラシャと呼ばれる吉利支丹の夫人に関して悲劇的な事件が起こったのである。この殿は諸将と共に内府様（徳川家康）に従って関東の戦に赴いたのであったが、彼は家老小笠原殿以下家臣の者の監督にまかせて、奥方と家族の者を（大坂に）残して行った。越中殿はつねにそうであったが、万事の名誉のために心がけていたため、家を離れる時はいつも警備として残してある家老および家臣に命じ、もし留守中に何か奥方の名誉に関する危険が勃発したらば、日本の習慣に従って、まず奥方を殺し、全部の者が切腹して死を共にすべきであるとしてあった。この時にも同様なことを家来の者共に命じたのであった。さて、その間に奉行（石田光成）は越中殿の邸に使いをやって、留守の者に対して、本日より戦争が始められたから、殿の奥方ガラシャ夫人を殿の将来の恭順《きょうじゅん》の人質として引渡すべしと命じて来た。これに対して家老らは奥方は絶対に渡せないと返答した。そこで奉行が手早く邸を包囲して奥方を捕まえようとしていることを知ると、一同は奥方の名誉のために、殿の命令を実行しようと決心した。そして、事態の急をいち早くガラシャ夫人に知らせ、殿から命じられていたことをそのまま申し上げた。

奥方はさっそく、何時もきちんときれいに飾られている礼拝所に行き、蝋燭《ろうそく》を点灯させ、跪《ひざまず》いて死の準備の祈り《おらしょ》を捧げた。

ようやく奥方は礼拝所からたいそう元気に出てきて、腰元どもを全部呼び集め、自分は殿の命令であるからここで死ぬが、皆の者はここを退去するようにと言いわたした。一同はそこを去るにしのびず、むしろ奥方と共に死出のお供をしたい希望を述べた。日本ではこういう場合、主人と死を共にするのが、臣下の名誉であり、また習慣でもあったからである。

ガラシャ夫人は真に召使たちから慕われていたので、召使たちが死の供をしたいと望んだのであったが、奥方は無理に命じて邸の外に逃げさせた。その間に家老小笠原殿は家来共といっしょに全部の室に火薬をまき散らした。侍女たちが邸を出てから、ガラシャ夫人は跪いて幾度もイエズスとマリアの御名を繰返してとなえながら、手づから（髪をかきあげ）頸をあらわにした。

その時、一刀のもとに首《こうべ》は切り落とされた。

家来たちは遺骸《いがい》に絹の着物をかけ、その上にさらに多くの火薬をまき散らし、奥方と同じ室で死んだと思われる無礼のないように、本館の方に去った。そこで全部切腹したが、それと時を同じくして火薬には火がつけられ、（大爆音と共に）これらの人々と共にさしもの豪華な邸も灰燼《はいじん》に帰したのである。ガラシャ夫人の命令によって邸の外に逃れた侍女のほかは、誰一人として逃れようとした者はなかった。これらの女たちは泣きながら、バアデレ・オルガンチノのもとに行って、この事件の一切を知らせた。この報知を得てわれわれは非常に悲しみ、かくも人の鑑として、とくに改宗してからはまれに見る徳の高い、高貴な夫人を失ったことを非常に悲しんだ。」

ガラシャのおかれていた状況を鑑みるに、日本の大名達は武人として家臣、家人、近親家族に対して、絶対服従の義務を負わせていた。キリシタンの信仰教義からは、不当な死を拒む事は義務であったと、言うものの、ガラシャの場合はのがれる可能性は、全くなかったと言わざるを得ない。ガラシャが宇喜多秀家の屋敷のへ逃れようとしなかったことは、宇喜多秀家は徳川家康と敵対する者であり、万一にもガラシャが秀家の屋敷に逃れることになれば、夫忠興は、窮地に陥った事であろうし、ガラシャの身近を警護している家臣達は夫人が邸を出る事のない様に厳命されていたので、夫人が主君忠興の敵になる者のもとに逃れていくことになれば混乱するであろう。「霜女覚書」にもあるように幽斎のもとに逃れる事も考えていたようであるが、夫忠興の命令によって、いかなる事があろうとも外出は許される事ではなかったし、丹後へ逃れる事も出来ない状況である。もし夫人が逃れたとすると、より一層の不幸と窮地が待っていたであろうと思われる。当時の日本社会の武家社会にあってきわめて不名誉な行動に対する原因をキリシタンの責任に負わせることにもなり、恐れていたキリスト教に対する迫害を起こす一因になったであろう。

これらの事より、バアデレの書簡でも見られる様に惜しみない讃美と称讃をガラシャに送り、行動に対して正当なることを証している。ガラシャ夫人の信仰の高徳、献身を讃えている。

屋敷が焼けた後でバアデレ・オルガンチノは信仰の篤い一婦人を他の人達といしょにガラシャ夫人の死んだ場所へ遣わして、夫人の遺骸を捜させた。婦人達は、ガラシャ夫人がこの場所でただ一人死んだ事を確かに知っていたので、遺骨をオルガンチノのもとへ持ち帰った。オルガンチノはパアデレやイルマン達、共ども、深い悲しみと感銘を受け、ガラシャ夫人に対する哀悼のミサと埋葬を行なった。こうして、細川忠興の正室玉子はその一生を終えた。忠興は亡妻への悲しみに涙を流し、ガラシャのために献身的に尽してくれたパアデレ達に深い感謝の意を表わし、この時以来、キリシタンに対する最大の保護者の一人となった。

しかしながら、政治的な考慮からか、遂には入信にはいたらなかった。

「あのお方は全てを天主様にお委ねなられた。」残された家族のため、細川家に繫なる人々の行く末のため。その時、味土野での天よりのまなざしを感じて生き抜いてこられた拾数年のお方様の人生。あらん限りの生命の燃焼。

散りぬべき時知りてこそ世の中の
花も花なれ　人も人なれ

と辞世の句を残されていると感じてならない。この一首を残して相果てられた。

「キリストにならいて」の一節、へりくだりと平安について「神はあなたを救う時と道を知っておられる。それゆえ、あなたは神に自分をゆだねるべきである。人を助け、あらゆる困惑から救うことは神がなさることである。〈中略〉神はへりくだる者を守り、救い、愛し慰められる。へりくだる者に大いなる恵みを与え、そのへりくだりの後にこれを光栄に上げられる。神はへりくだる者にご自分の秘儀を表し、いつくしんでご自分のもとに引き寄せる。」その時から、ご自分の思いを越えて、神のみ前に従順に謙虚に、ご自分の道を歩まれる。

このお方の殉節の死はその後の細川家の安泰と、細川家四百五十年の存続の基になり、ご自分の身をささげての尊い散花となったと言っても過言ではあるまいと思う。

禁教令と江戸鎖国時代へと移行していく訳であるが、その中でじっと時を耐えていく、その細川家を守りぬいた「たましい」は、ガラシャのあらゆる苦難を耐え忍ばれた。遺伝子ではないだろうかと私は感じてならない。

そして初代幽斎から現在に至る細川家四百五十年の想いを感じるのである。

このお方の散花は細川家という「家」があたかも、地上に生えている茎であり、花実の姿そのものである。そしてそのお心の内にある、もう一つの花は明智家の「家」である。すなわち花としての明智の家督は消滅したけれども、消してはならぬ、ひと筋の土岐源氏一族の流れをくむ名家の誇り、権利としての「名跡」は、地下深くにしっかりと存在し、地上に於ける戦国乱世の栄枯盛衰とはかかわりなく世代を越えて持続する根であり株のごときものである。樹木の根がしっかりと土中にあれば、ふたたび花を咲かせることが可能である。再び命が咲いてくる。ガラシャの「お心」の内に秘められた希求の、永遠の生命への最後の「その時」の旅立ちを感せずにはいられない。婦道を貫かれた尊い死であった。

ガラシャの死は最後の、また最もつらい犠牲であったが、神の前には、尊い死をもって永遠の生命に至る道を選ばれたのだと思う。

死を選ばざるを得なかったが、キリストの歩まれた道を想い、死から逃れられぬ時をすでに心の中に準備されていたように感じられてなりません。来たるべき時を信仰の心で、生命の散ぬべき時を知り、自らの生命を神の前にゆだねられたのでしょうか。もちろん細川家の救いのため、夫、忠興への忠節ではあったろうが、それ以上に、キリスト者としての信仰をつらぬいたことではないだろうか。「神の義」を求められた生死ではないでしょうか。

エピローグ

散華

がらしゃのご最後の時、おん命を、夫忠興の為に、お捧げをする。
それは、天主様に、お命をお捧げをする。
それは、とわに変わらぬ命に生きることを意味すると思う。
それは、魂を得る、道であると思う。

献身的なお姿は、母、煕の方の光秀への献身的な愛、そのもののお姿ではなかろうかと思う。また、わが子と、その霊魂の救いを、人一倍、お心にかけられたお姿は、母としての崇高な愛に生きられたお姿と思う。
散りぬべき時、惜しき別れの最後の散華である。

あとがき

私がガラシャのお心を慕いつつ綴り始めた時、私は未だ生まれてはいない子供のために、もし子供を授かったならば、その子供のために残しておきたいと思い立ち、書き始めたことを今さらのように思い出しながら、兵庫県たつの市の城下町に家族旅行で、偶然にも立ち寄ったギャラリーで水墨画の世界に魅了され、何百数点にも及ぶ重厚な作品群の中から、私には一本の扇子に描かれた水墨画の絵と言葉に心が止まり、夢酔先生が私のために書いてくださった、先生のお名前と印の入った扇子を大切にもっている。この言葉には『親から子、子から孫へと、一筋の道』とある。重厚な書体であるが、ほのぼのとした血のかよった温かみを覚える心持ちがする。この扇子の言葉に心を通わしている。この言葉に今の心境と重なってくる自分を感じる。私には、天からの私への贈り物のように思えてなりません。今は亡き、私達を守ってくれた父母に捧げたいと思う。

執筆にあたり、宮津教会、近藤雅廣主任神父様から毎年五月に行われております、ガラシャ祭に参加した折に、お声をかけていただき、執筆と出版の運びとなりましたこと、厚く感謝申し上げるとともに未熟な筆で、書き始めていますが、本が出来るまで、お教えいただき、お世話になりましたこともお礼申し上げます。ガラシャ祭に参加されている皆様方のお祈りと教会関係の方々と今日まで支えていただいた方々のお祈りに深く感謝申し上げます。当初は昨年の秋頃を目途に原稿を書き終えるつもりでご了解をいただいておりましたが、その後執筆が遅れまして、聖母の騎士社、赤尾満治神父様にご迷惑をおかけいたし、色々とお世話になりましたこと、厚く感謝申し上げます。

二〇一四年二月

駿河勝己

細川忠興公・ガラシャ夫人生誕 450 年記念事業 除幕式

細川忠興公・ガラシャ夫人生誕 450 年記念事業 御像

《参考文献》

・「コンテムツス・ムンヂ」松岡洸司、三橋健／解題　勉誠社
・「キリストにならいて」トマス・ア・ケンピス、池谷敏雄／訳　新教出版社
・「フロイス日本史」松田毅一、川崎桃太／訳　中央公論社
・「大日本近世史料」細川家史料　東京大学出版会
・「綿考輯録」出水業書　汲古書院
・「細川ガラシャ夫人」H・ホイヴェルス著　カトリック中央書院
・「細川ガラシャ夫人」ヨハネス・ラウレス著　中央出版社
・「ガラシア細川玉子夫人」宮島真一著　中央出版社
・「ガラシャにつづく人々」若城希伊子著　女子パウロ会
・桑田忠親著作品集　第二巻
「戦国武将（一）」桑田忠親著　秋田書店

・「明智光秀」 高柳光寿 著 吉川弘文館
・「高山右近史話」 H・チースリク 著 聖母文庫
・「キリシタン史考」 H・チースリク 著 聖母文庫
・「細川幽斎」 細川護貞 著 求龍堂
・「戦国武将の語録」 神子侃 編著 徳間書房
・「人間のなかのX」 遠藤周作 著 中央公論社
・「高山右近とその列福運動」 浜崎伝 著 甲南堂印刷（非売品）
・「高山右近研究逝去三百五十年祭記念」 右近列福運動本部 発行
・「キリシタンと茶道」 西村貞 著 全国書房版
・「地方切支丹の発掘」 海老沢有道 著 柏書房
・「細川忠興夫人隠棲地由来記」 京都府与謝郡竹野郡連合婦人会 著
・「細川忠興候夫人」 大阪市婦人連合会 著

・「越中井物語（歴史を伝承する人々）」　富永 滋 著
細川ガラシャ夫人頌徳会（非売品）
・「記憶の歴史学」　金子 拓 著　講談社選書
・「丹後の宮津」　岩崎英精編　天の橋立観光協会

《駿河勝己（するが・かつみ）》
立命館大学　産業社会学部卒。
上智大学キリシタン文化研究会会員。大阪教区高山右近列福運動推進委員会地区委員。明智光秀公顕彰会会員。財団法人永青文庫友の会会員。合気道和歌山竹豊館会員。
現住所：和歌山市和歌浦南

がらしゃの里

駿河勝己

2015年5月25日　初版発行

発　行　者●赤 尾 満 治
発　行　所●聖母の騎士社
〒850-0012 長崎市本河内2-2-1
TEL 095-824-2080/FAX 095-823-5340
E-mail: info@seibonokishi-sha.or.jp
http://www.seibonokishi-sha.or.jp/

製版・印刷●聖母の騎士社
製　　　本●隆 成 紙 工 業
Printed in Japan

ISBN978-4-88216-360-2　C0116